U0006668

堅持玩美 成就人生

陳冠伶 NancyChen 著

臺灣商務印書館

作者序

有一個女孩，她從小就安靜、害羞、不多話，在老師的眼中，她總是會第一個被遺忘。但你(妳)絕對不會相信，一個容易讓人遺忘的孩子，用她的努力、用她的認真、用她的堅持，在別人還沉溺於玩樂之中時，默默的在經營；她雖然安靜，可是就這樣悄悄的活出自己的人生，像是努力往上爬的蝸牛一般，不論有多辛苦、有多累，只為認定的目標而努力。

「天將降大任於斯人也，必先苦其心智、勞其筋骨。」果然，她的考驗不僅只如此而已。你(妳)怎麼也不會想到，看來弱小的身軀，怎能夠承受如此接二連三病痛的折磨！即便是在生命垂危的時候，她依舊在臉上寫著笑容，用她的愛去感染身邊的所有人，天馬行空的將藥缽的敲打聲，聽成一首首愛的樂章。你(妳)又怎麼能夠想像，笑容的背後，有多大的痛苦跟煎熬？

沒錯，那個女孩，就是在下我。經歷了學習路上的跌跌撞撞，就在我以為一切就此一帆風順的時候，命運總是那麼愛對我開玩笑，幾次的病危通知、病魔的殘忍折磨，一切是來的這麼又急又快。雖然如此，我還是喜歡用努力和歡笑來面對這一切的不順心，人們都說天公疼憨人，但我喜歡在祂疼我之前，把所有的艱辛都當作是吃補。

在我的人生中，或許我曾經換過許多次跑道，但不論我做了什麼樣的工作、決定了什麼樣的決定，我始終跑在美髮的操場上，因為我堅持玩美，所以我一定能夠漂亮的抵達終點！

最甜美的果實，總是會在你嚐過最苦、最酸的滋味之後，才能感受它是多麼的

美好。而那最鮮美的味道，原來取決於──『態度』。

　　沒有人是可以永遠過得順利、沒有受挫的，有些人兵敗如山倒，有些人卻可以讓失敗成為成功之母。我不敢說我的際遇是成功的典範，但最辛苦的日子我確實是這樣挺了過來。

　　想知道什麼樣的一個戲劇人生，才造就了今天的『玩美態度』，那就跟著我的步伐，往下走吧！

2009.08

樹德科技大學助理教授 —— 王崇禮先生

在這一個競爭非常激烈的時代裡，無論是在生活上，或是在心理上，都會出現讓人難以調適的壓力。尤其是現在的年輕人，特別是被冠上草莓族、水蜜桃族口號的新鮮人，一遇到壓力來臨時，大部分人總是選擇逃避，而不敢面對。這個時候，就需要有一本書，沐浴這些急需被勵志的年輕人，鼓勵他們，教導他們，帶領著他們克服萬難，達到成功的境界。而冠伶老師的這本書，『堅持玩美，成就人生』裡的『劇變』之章節，我深深地覺得，它做到了。它不僅做到對年輕人有著勵志的功用，也做到這個社會上所有父母親的內心世界裡，最希望自己孩子也能夠如此的期待。我很慶幸能夠讀到這本『堅持玩美，成就人生』，更高興這本書的誕生。

『創新』，我覺得也是對這本書最好的詮釋。能夠不墨守、不執著在自己的專業裡面，反而時時求變、求新，為自己也為別人帶來驚奇與驚艷。在『天外飛來神刀手』章節裡，看到的是一個時時刻刻都在保持著自我充實的冠伶老師。為了使自己的專業能夠更上一層樓，為了能夠帶給大家新的技術，不在乎把自己的手弄得傷痕累累，也要完成自己的理想。這樣對創新的堅持，是要對美學有強烈的信念才能做到。最後證明，冠伶老師也做到了。

這本書不僅對年輕人有著勵志的功用，甚至對女性讀者也會產生一種勉勵作用。勉勵著那些正在為自己事業努力的女性朋友，告訴她們：事業與家庭其實是可以同時兼顧的。只要對自己有信心，愛自己，愛家人，我可以做到，當然妳們也可以做到。

這本書的誕生，我相信將能夠幫助到很多對自己的人生沒有目標的人。也相信這本書的讀者，在讀完這本書之後，將對自己的人生有不同的看法；讓自己變得更

成熟、自信、堅強、茁壯。親愛的讀者們，請好好地，用心地，品味這本書吧，會讓人醍醐灌頂，回味無窮⋯⋯⋯⋯。

2009/08/14

昇宏集團總經理 ── 蔡秋月女士

~ 生命 - 愛 - 歡笑 ~

「序言」- 這個既熟悉又陌生的代名詞，讓我充滿了驚喜，惶恐以及滿心的期待！

因為未曾有過撰寫「序言」的經驗，雖然有著豐富的書籍（序）閱讀經驗，但畢竟是someone for someone …而我既非學界名人亦非業界奇人，所以當Nancy老師向我提出幫忙寫這本書的序時，著時帶給我或多或少的壓力，深怕著筆不當會承擔不起如此的重責大任，人性使然加上以忙碌的工作當藉口遲遲未下筆，一直到最後截稿時刻來臨時，才真心面對自己，選擇去接受，面對與承擔…Just do it, you can make it.

接到Nancy老師的邀稿時，正值我在美國出差，期間，我捨棄閱讀這份手稿的的優先權，選擇與自我的內心對話，我深信唯有如此，才能真真切切單純的去看待，真心的去推薦，這一切的一切，都是因為這位不平凡的女子- Nancy老師。

多年以前，當時的我還是一位剛從台北遠嫁到高雄定居的新移民，在一次偶然的因緣下，我在靠近住家的一個臥虎藏龍的小段路上，初識了Nancy老師與她的髮廊。印象中，常常會看到有一位外表非常幹練，開著一部跑車不定時的來店視察，因為她光鮮亮麗的外表，加上乾淨，整潔與有深度的談話，這些與眾不同的氣質，著實讓當時的我對她驚嘆不已。

但是歲月總是這樣令人來不及細數，便一晃眼的從指縫中流逝，就在我全心投入事業的這數年間，Nancy老師彷彿人間蒸發似的從我眼前消失不見，雖然地球不會因此而停止轉動，一切的一切都還是按照正軌在運行著。後來當我再次看到她

時，我驚覺著眼前這位不再光鮮亮麗，取而代之的是她削瘦的臉龐，瘦弱纖細的身形，往日的神采飛揚早已不復見。『她是幾年前我見到那位嗎？』『是同一個人嗎？』我在心中驚呼著，不敢置信的，是什麼改變了她，她遭遇到了什麼困境？後來透由彼此的深談之後，才了解到原來她從鬼門關走了一遭…。

生命是如此的無常，但我相信這是她生命中一個非常重要的轉捩點。每一次的事件發生，背後一定都有它發生的原因與道理。所以我們都需要時時刻刻與生命做對話，為生命去做祈禱…與Nancy老師從相識最初一直到現在，說長不長說短不短，10幾個年頭過去，我倆之間的交情很難以一個「序言」道盡我對她的了解，支持，疼愛與賞識。Nancy老師最令我折服的是那份發自於她內心的慈悲心，同理心與時時提攜後輩的包容心。當人生一再的給予你殘酷的考驗，將你推入陰暗的谷底，又讓你的內心陷入無名的衝突與悲傷時，Nancy老師覺知的親身力行，對自我的生命不斷努力，不放棄自我以及勇於自我挑戰的那份勇氣，著實令我佩服與不捨。

人生中有許許多多大大小小的挑戰，端看您如何將它轉化為機會。如何讓我們的生活變得更豐盈，更輕易，更自在，那您一定不要錯過這本難得的好書。

祝福大家，時時與愛同在！

樹德科技大學助理校長 —— 陳碧雲女士

一個把每個人都當成寶貝的寶貝

很難的功課

　　寫序這件事，對我這個搞笑一族、然後處理標點符號又有一點困難的我來說，要寫個正經八百、文詞並茂的序，實在是件不容易的差事。自從接到這個任務開始，過去這幾個星期，心裡像是有顆大石頭壓著，不知道這個序該怎麼寫才可以搞得定啊？

　　是河內這個週末的秋雨吧！把我這個像在蒸籠裡的包子拯救出來（河內的夏天高溫度、高溼度，常覺得自己像是在蒸籠裡的包子一樣！）；一下子，想法跑出來了，字好像也一個個浮現腦中。感謝天降甘霖。

緣起

　　去年校長領軍，校內主管同仁組成的探親團，除了到越南視察境外工作，也給獨自在異鄉打拼的我帶來了很多家鄉的溫暖與鼓勵。設計學院翁院長跟我是同鄉，對我總是特別關照，看到我在這個燠熱的國度，一頭亂髮，建議我返校時，找時間好好整理一下「門面」。於是，故事就從修理頭髮這件事開始了。

納ㄟ阿ㄋㄟ

　　與冠伶第一次接觸，我這個國台語都很輪轉，長得像校長助理的越南助理校長，讓她的臉上似乎出現了幾個大字：納ㄟ阿ㄋㄟ？不知道是人跟人之間真有磁場互動這回事，還是我們兩個跟病痛共存的共同生命經歷，相知相契的感覺趕去了所有可能的陌生與距離。

　　修理頭髮的過程，我不停聽到她喊大大小小都是寶貝（我本以為他跟我一樣，記不得每個學生的名字，所以統稱弟弟妹妹是最安全的方法！），我心想，納ㄟ阿ㄋㄟ？都是寶貝喔？！

過去這幾個月，每次返校述職，抽空給冠伶修理頭髮，總是會搭配很多的零食和笑聲，整理門面的過程成了我返鄉加油充電的重要方式之一。很多的分享，有苦有笑，越多的了解後，對於這個總是笑臉迎人、溫柔待人、弱小多病的女子，一次次我只能無言的寫下無數個驚嘆號，還是想問：納ㄟ阿ㄋㄟ？

生命的訊息

　　很多年來，我跟冠伶一樣，把醫院的病歷一個不小心寫的跟博士論文一樣厚。從年少時的不能釋懷，到現在的與病痛和平共處，逐漸相信上帝不會沒有理由的讓一個人受苦；所有的一切背後一定有訊息的，我真的這樣堅信。

　　從冠伶身上，我看到驗證：一個在鬼門關走過多次，如此嬌小柔弱的女子，怎會有如此堅毅的力量，卻同時帶著一顆無比柔軟的心和像是永遠用不完的耐心？

　　我看到的是，原來病痛讓這些曾經受苦的靈魂更懂得愛、懂得付出、懂得珍惜生命；而上帝確實是公平的，他用心靈的豐足與喜樂，填補了這些因病痛造成的生命缺口。

傳愛天使

　　就是冠伶，這個把每個人都看成寶貝的寶貝，用著她生命的故事在傳遞著愛，《堅持玩美 成就人生》記載著一個用態度逆轉生命的故事。

　　在這裡，您將見證生命的力量、潛力、與愛！

　　　　　　　　　　　　　　　　　　寫於越南 河內，初秋 有雨的午夜。

Boris HC美髮教育學院負責人 —— Boris老師

　　剛為雪梨 Hair-Expo 09之新生代創意髮型師發表秀當主秀表現嘉賓，也算是自己目前個人最大的髮型秀（1500名觀眾），下飛機時心裡雀躍但體力有點疲憊的我，習慣性先打開手機，期待第一通的電話是小孩純真問候，但卻是Nancy陳冠伶老師傳的短訊，希望能為她的新書寫一段序，我馬上回覆自己超榮幸為她服務；其實我和Nancy第一次見面是十二年前夏天，在新營西苓的教育中心，她剛好是接我的時段，我發覺她的特質與我相似，很理想化又帶點固執，在台上永遠都是神采飛揚的樣子，我們這種個性遇到的挫折會特別多，後來與Nancy有較多的舞台合作後，有時候都互相勉勵。

　　當然，我們往後的發展方向都不同，老師轉向培育美髮界的幼苗來發展，真的是很對的方向，因為想要讓美髮業進步，第一步就是需改變髮型師的陋習，因為我們本業的髮型師專業度真的還有很大的調整空間，我本身就在為市場上的連鎖體系做改造，調整髮型師之根源教育是很重要的，Nancy真的很偉大，深深佩服。

　　Nancy你真的是一位有內涵又有堅持的美髮教育者，你的完美不只是髮型上，更重要的你能注入在人生的旅途上。

　　向Nancy老師致上真誠的致敬與祝福，謝謝你為美髮界的默默付出。

2009/06/22

HAPPY HAIR髮型沙龍資深設計師 ── 娃娃老師

　　Nancy外型纖細，內心卻深藏著不可思議巨大能量的專業造型顧問，從事造型師20多年了，相識的經營者和講師、現場工作者不計其數，而Nancy卻是最充滿專業素養，公關能力，教學熱忱，一路與Nancy合作秀場雙人飛剪表演，甚至遠渡海峽對岸，屢屢創下佳績。但這不是最終的終點，從Nancy的人生規畫中，每每令我驚呼，太優秀了吧！學習力的追求，專業能力的提昇，自我多方位的能量培養，而至大學任教，創造一番對美髮從業人員不可能的任務。而Nancy卻一一將這些愛和理想給實現了。

　　Nancy的出書，我深信絕對令在這充斥著金融風暴，人心不安的動盪年代中，帶給專業人士不同的思維，更會為所有看到她的書的人一股深深的感動，帶來更美好的未來，我深信的。

資深女兒──大女兒

自己推薦自己家的書好像有點「老王賣瓜」之嫌。但還是要講一下：「它很讚！」

認識作者大人也將近十八個年頭了，書中的故事有的聽過不下百次，有些卻是在校稿時才恍然得知的祕密。從小，我想要學什麼才藝，媽媽幾乎都會滿足我的欲望，這不是一味的寵溺孩子，而是她希望在一次次不同領域的探索中，我能知道「我是誰？」；我能了解「我真正要的是什麼？」；甚至，我能發掘「自己的價值」。

一次，有幸能聽到《魔戒三部曲》的譯者──朱學恆的演講，他問了我們一個值得深思的問題：「除了歐美等世界強國之外，在新興國家（像是中國大陸及印度）那麼多廉價又優質的人才當中，你，憑什麼一個企業要聘用你，憑什麼一個企業要花比他們多三倍甚至更多的錢來僱請你？」我想，這正是目前台灣的社會新鮮人所面對的最大問題。那麼，我們該如何「經營自己」？把自己當品牌，在我們想要創造更高的位階、更優渥的薪資時，我們應該先創造比前一刻更有價值的自己！作者大人的例子是在不斷堆疊自己的主要價值之外，也不忘在路途中「順手牽羊」一些附加價值。而到底該如何做到這些？看完這本書，你將會體悟到這箇中的奧妙。

許多中外名人都說過，閱讀是以最快的速度過一段不一樣的人生。從中，我們吸取經驗；從中，我們累積自己；從中，我們將會找到一條康莊大道。

一個不會讀書的孩子，是如何在這個以學歷文憑為首要的社會中脫穎而出？她

到底是誰？她怎麼辦到的？她施了什麼樣的魔法讓一切好似都是她安排好的？這一切的謎底，全部都毫無保留的記錄在書中。

　　或許你在閱讀這本書的同時，你會想：「這是幸運吧！」或是「如果我也有這樣好的機運的話，我也可以……。」但這同時也該想想：「為什麼這種好康的事都找上她，而非我？」當你的人生遇上岔路或是瓶頸時，為什麼有些人在總是可以選到較好、較寬闊的那條？在這本書中，你會知道這不是因為那些人幸運、那些人比他人更有遠見及洞察力，而是因為固然他們選到了一條如羊腸般的荊棘道路，也會用「堅忍不拔」、「堅持到底」的精神，披荊斬棘然後拓寬自己的路途。這就是作者要分享給大家的——「堅持完美‧成就人生的態度」！

磨娘精的告白——小女兒

相較於姊姊的推薦序，我的這一篇，似乎有點不夠專業呵！但是我仍想以最誠摯的心情向大家分享，從我的眼裡看來，媽咪是個什麼樣的人。

既然這是一本自傳性質的書，那麼與其推薦這本書，我想推薦本書的作者——我親愛的媽咪——或許會更適合吧！

國小時的作文題目，總是乏味得令人直搖頭，可是在這些一成不變的主題中，我總期待著那關於「母親」的題目，因為這對我而言是個很好發揮的題旨，關於媽咪，能夠寫的，實在太多太多了。為什麼？我想那大概是我有一個與眾不同的媽咪吧！

從小，正當別人的媽媽還在家裡氣極敗壞的盯著孩子讀書時，我的媽咪卻正帶著我們到處跑，在她的價值觀裡，真實生活中確實深刻的學習體驗，絕對比書本上仍待轉換的文字重要。

別誤會了，那並不是表示她覺得課業不重要，而是她相信我們。她相信我們能夠把學校的事處理得很好，她能夠專心的將她所擁有的經驗和歷練交給我們。媽咪教我們對待長輩、朋友、家人的態度和道理、教我們美姿美儀、教我們求職的門道、教我們遇到事情時合理的思考邏輯，媽咪用她的方式，不斷的訓練我們，教我們許多別人不曾有過的，用邏輯和經驗所堆砌而成的知識。

媽咪不是送魚給我們，她只是教我們如何捕魚，教我們編織漁網的辦法，她希望等到我們真正出社會、真正上了漁船以後，不會茫然失措，而是能夠比同一艘船

上的人更早一步，自信的捕到一條鮮美的大魚。

　　每次完成關於媽咪的文章時，我就會覺得好驕傲，因為我的媽咪是那樣特別、那樣與眾不同、那樣漂亮、那樣值得尊敬，油然而生的優越感，讓我以身為她的女兒為榮。

　　這本書是媽咪的心血結晶，這一些故事都是她的親身經歷，或許她沒有名作家很棒的文筆，但我知道她是以最誠懇的心記下這一切的。就讓我們跟著媽咪的故事，一起親身體驗她的樂觀、積極、努力和所有她想告訴大家的吧！

　　或許，當你仔細的讀完這本書之後，你也會像我一樣，對她肅然起敬喔！

Wei-Yun.

目錄

事情就是這樣發生的 *1*

自創品牌 *39*

邁進學術界 *155*

結語 *187*

事情就是這樣發生的 ＿

美髮世家/

　　熱情的南台灣高雄，是我成長的所在，可能就是在這樣的一個環境下，才養成了我天生樂觀的個性吧！出生於美髮世家，從小就讓我在不知不覺中耳濡目染了一切，如果真要說有什麼人將我領進這個門，倒不如說我一早就在門裡頭了。

　　當然這一切最重要的人物角色，莫過於將我帶到這個世界上的人──我的父母。父親，在我的印象中，他一直是一位樂此不疲於工作中的人，除了在台塑企業工作的本業之外，自己還同時經營了好多個副業──磨菜刀、爆米香、棉花糖、貨運行等等，但我從來沒聽過、看過他喊一聲累；母親，有別於當代的傳統女性，她和父親一樣也是個樂在學習與工作的女人，小時候曾經學過歌仔戲，但後來沒有出師，陸續也曾經學習過裁縫，直到後來自己開了一間美髮沙龍。你們可能會覺得這是八竿子也打不在一起的事業，但他們夫妻倆確確實實是這樣走來的。想想，又或者我擁有現在的人格特質，正是因為我擁有這樣寶一對的父母，在不知不覺中影響了我。

　　打從開始懂事有記憶以來，父母給予我們的物質生活一直是不匱乏的，從小就跟著母親在美髮沙龍裡頭穿梭，家中有三個小孩，只要我們缺錢了，不論是學費、零食還是玩樂，只要從美髮沙龍的收銀台裡頭直接拿就可以了。在旁人眼裡，我們過的是很富裕的家庭生活，其實並非如此，母親會這麼做的用意，是為了讓我們知道，每天賺錢的辛苦，很可能一整天下來，打開抽屜裡面卻只有個幾百元，即使如此，她還是堅持我們想拿多少就自己去拿，這不是溺愛，而是訓練養成我們彼此信任，學習誠實的方式。

母親的美髮沙龍就是我小小世界裡的一切，我經常待在店裡，看著阿姨們來來去去，媽媽和設計師阿姨用化腐朽為神奇的巧手技術，將每一位客人阿姨都打扮的時髦亮麗。那時候，我最喜歡站在兩個座位的中間，背貼著牆面和鏡子，正面對著客人和設計師，因為這個角度可以讓我將這樣一個「變魔術」的過程盡收眼底。還記得，當時最流行的莫過於熱燙髮了，只是當時的技術遠不及現在，想燙頭髮就只能忍住，當藥包放到頭髮上時，頭皮那燙到不行的灼熱感，有一些較敏感的客人，就會一直不停的呼呼叫著，又或者動來動去想藉此分散注意力，那對小小年紀的我來說，都是很有趣的畫面。

　　因為我對唸書不是那麼在行，整天就只愛溺在我熱愛的那個小小天地裡頭，我還主動的替自己爭取到一份工作，那就是『洗髮夾』。

　　你一定好奇「髮夾」為什麼要洗，又是怎麼洗的吧！在當時的年代，許多家庭主婦，為了家中的開銷而忙碌，能省的資源就不能夠浪費是她們的基本準則。有一些阿姨，很可能十天半個月才上美髮沙龍洗個頭，當時也流行將頭髮上捲子，或是梳一個包包在後頭的造型，這樣的造型需要依靠小小的髮夾來成就。但因為時間一隔太久，她們會流汗、會分泌油脂，往往等到她們來到店裡洗頭，把髮夾拆下來的時候，髮夾多也早已生鏽了。剛才有提過，能省的絕不浪費，對於開店做生意的我們來說更是如此，所以每到下班打烊的時候，大家都忙著掃頭髮，賣給每週來一趟的小販，我卻和別人不同，手裡拿著是一塊大磁鐵，在每個角落裡用力的滾動圓形的磁鐵，吸呀吸呀，把一整天掉落的髮夾都收集起來，然後放在油裡泡一下，再放到報紙上用力的搓，髮夾上的鏽就會被搓掉了，這個過程就是我說的「洗髮夾」。很好玩嗎？我在想，當時一天中最大的樂趣，除了站在鏡子中間之外，大概就是陪著母親打烊的這個工作吧！

在家中，我排行老二，不要撲克牌玩久了就以為老二最偉大，如果我也能夠像姐姐或弟弟一樣的聰明，或許這句話能夠成立，但我不是，我沒有姐姐的聰明，也不及弟弟的優秀！唸書這檔事，我可真是一點也不在行。那怎麼辦呢？好在從小就能夠看的出來，我對於自己的定位有著高人一等的領悟力和先知，既然唸書無能，那麼我就做家事和擔任媽媽的小跟班工作，至少在這個領域裡，我一直是很怡然自得。也因為這樣，後來我開始了「小朋友大主廚」的生活。

從小，我就是在這樣一個愛的教育、鐵的紀律環境下成長。愛的教育，大概我不需要再贅述了，鐵的紀律，大家就不懂了吧！在那個年代，打罵是父母對孩子表示關愛的唯一表現，現在我有非常嚴重的脊椎側彎，我極度懷疑這是鐵的紀律下，「踹」出來的作品。在那個還沒提倡公筷母匙的年代，父親就堅持我們必須這麼做，和母親比較起來，他對我來說，一直是個很嚴格的父親。也許是想在孩子面前，豎立身為長輩該有的風範和威嚴吧！總之，父親和母親巧妙的扮演了一個黑臉一個白臉的角色。

小朋友大主廚/

　　當時還不流行一定要型男才是大主廚，我不是阿基師、也不是寶師傅，我只不過是一個才念小學、個頭又小又瘦弱的小朋友罷了。可以想像一下，像我那麼樣嬌小的身軀就這樣穿梭在一、二坪大的小空間裡頭，張羅著約莫二十人份的飯菜嗎？不要懷疑，這一切都是真的！雖然連我自己回想起來，都會感到是那樣不可思議。

　　我們家是個大家庭，除了基本成員的五人之外，美髮沙龍裡工作的姐姐阿姨們，來訪的親友叔叔嬸嬸，林林總總一餐都是二十人左右。這也是為什麼我總是需要煮那麼多飯菜的緣故。再加上開店做生意，台灣習俗要在農曆十六日拜拜，現在的牲禮可都是簡化到不能再簡了，過去我可是要真的煮三牲加買水果，弄得很豐盛才是符合標準。

　　以前的小學是半天制，每次放學後，我的工作便是到菜市場去採購食材，回到家以後就立刻要忙著洗米、煮飯、切菜。不知道是不是每天光是想著該買什麼菜、煮點什麼，就占滿我所有的思緒，才會導致書一直都唸不好。現在想想似乎有那麼一些可能性，可是當時的我根本就不以為意，只知道當我把一切張羅妥善，長輩們總會高分貝的告訴我「妳好乖、好棒喔！」、「怎麼這麼厲害！」、「妳媽媽的命真好，有那麼孝順的女兒」小小的心靈，立刻就感覺到豐富溫暖了起來，彷彿我和優秀的姊姊、弟弟，也是在同樣的天平上。雖然我們的差異或許是我自己去刻意強化的，但，無論如何，這一刻我是驕傲的。

　　當然，令我感覺驕傲的原因還不只是這樣，有一回當我回到家中，看著滿

是油煙的廚房，嚇了一大跳，還以為是火災或發生了什麼事，我很緊張的想先找到姊姊和弟弟，還要通知爸爸媽媽。但接著看到姊姊站在廚房的瓦斯爐前動也不動，一問之下才知道，原來她想自己煎蛋吃。我急著問她，為什麼會有那麼多的油煙呢？只見姊姊氣定神閒的告訴我：「它還沒有『滋』的聲音出現呀！所以不能下蛋。」我的天呀！那是要下了蛋才會有的聲音好嗎？我親愛的姊姊！

過去家中沒有熱水器，想洗熱水澡或是像姊姊一樣，早起想用熱水洗臉，就要用鍋子自己燒熱水。沒有想到她燒了半天，都快冷死了，怎麼水還是不滾。不看還好，一看我簡直快要暈倒了，我那親愛的姊姊又一次的將我徹底的打敗，她竟然把兩個鍋子疊在一起加熱，當我問她為什麼要這樣時，她的回答真的會讓人噴飯，因為她說：「喔？那個是兩個鍋子嗎？我不知道呀！所以這樣它就不會滾了嗎？」

諸如此類的意外，在家中不斷的上演著，我很慶幸直到我們長大成人的現在，姊姊還沒有燒燙傷，也還沒有留下把屋子燒掉的紀錄。

關於弟弟呢？從小他就一直是父母眼中的超級乖乖牌兼優秀模範生，加上又是獨子的身份，和我們比起來，他難免較為受寵。他從來也不用做家事，當然也就沒有所謂像姊姊一樣的意外發生。直到現在，他仍舊是天天過著養尊處優的日子。只不過寵他的角色，從父母變成了他的妻小。

而我，依舊沉溺在這樣一個小領域中，快樂自在，只是終於不用再煮二十人份的飯菜了，真開心！

長大之後，有幾年，台灣瘋狂的吹起一陣「哈日風」，不論是服裝、髮型、甚至是行為談吐都要模仿日本人，起源都來自於一連串的日系戲劇和音樂所帶來的風潮，記得那時非常火紅的日劇──「阿信」，我看到都忍不住要為她流淚，但卻又不禁這樣覺得「怎麼跟我的童年那麼像？」此時，我才恍然大悟，原來在外人眼中，童年的我所做的一切，其實是辛苦的嗎？我想我和她的童年是一樣的，她是環境使然不由得自己，但我是自己樂在投入，並且歡喜甘願的做這一切。

　　這也是後來成就了我往後人生哲學及態度的楔子。我一直都相信，人格的養成在童年時期是非常重要的，我很感謝我的父母，給予我在知識學業以外的人格養成，我的樂觀、堅持不輕言放棄，若要說是遺傳倒也不全然，我想該說是他們教導有方，才更來的適合恰當。

小小紅牌／

　　十二歲的年紀，該是很青春、很稚嫩、還是很淘氣？還記得十二歲的你在做些什麼嗎？是忙著和鄰居玩跳房子、打彈珠、或者是忙著和長輩頂嘴鬧脾氣？喔！對了，差點都忘了，時代進步的很快，現在大概不流行跳房子或打彈珠，但不管你在做些什麼，你絕對想像不到，這樣的年紀，我已經是一位美髮學徒，會洗頭、按摩和簡單的吹風技術了。

　　那一年，我頂著約一百三十公分的嬌小身軀，正式進入學習美髮的階段，當同學們都還在忙著補習、忙著打球玩樂的同時，我每天除了課業之餘，首要的事，便是回到店裡幫忙洗頭、吹頭髮。

　　可是那麼小的個子，該怎麼幫客人服務呢？沒錯，所以我都是站在凳子上幫客人洗頭的，這也成了店裡面很特殊的景象。模特兒是以身高取勝，但我的突出正好相反，我以個子小「吸睛」。雖然我是小小的一隻，不過可能我的力道還算可以吧！加上我的嘴巴很甜，只要是來到店裡的客人，我都會獻上我最真心的笑容，阿姨前阿姨後的稱呼著。

　　剛開始學習洗頭的工作，難免都會出點小差錯，像是泡沫不小心滴在臉上，或是水分控制不好，洗的阿姨們一身的水，但伸手不打笑臉人，年紀還小的我雖然不懂這個道理，可是我知道，只要笑笑的和客人道歉，總是很快的就被原諒。沒有多久時間，就開始有很多阿姨們，每天等著我下課，指定要來讓我洗頭髮、讓我按摩。現在回想起來，原來當年我還算是個「小小紅牌」呢！

我的國中生活就是這樣，白天為學生，晚上則為美髮師的雙重身份，雖然這三年裡，每天的睡眠時間都只有五小時，但工作心情是愉悅的，我從來也沒喊過一聲苦，相反的我一直都很樂在其中，因為我知道，我終於找到了我的人生方向。和美髮的不解之緣，或許早在一開始就是註定好的。否則，我怎麼會那麼熱愛它？也因為這段時間的經歷，更加促使我決定到技職學校學習，更精進我的美髮技術。

　　聰明的人往往容易不努力，努力的人往往不聰明。我自認是屬於後者，所以我專注在每一件熱愛的事務上。我在這樣的成就裡，找到屬於我的價值。

人生就如同玩拼圖，它其實沒有一定的規則，你可以小區塊的拼，也可以由外往內拼，隨心所欲，因為在這個時刻，你就是自己的主人。

青春年少/

　　經過了國中三年的半工半讀之後，我沒有多做考慮，就選擇了技職體系，繼續學習在職場以外的技能知識。當時認知的學校，高雄也就只有這麼一間，好像一切就該是這樣發生的感覺，我選擇了「樹德家商」，因為我還是希望能在技術上多加琢磨，所以並不是就讀一般體制，而是選擇夜間進修部，白天依舊在家中經營的美髮沙龍裡工作。只是當時我不知道原來高中的這三年，對我的改變會是那麼大。

　　印象中，當我看到老師的時候，我忍不住在心裡嘀咕「這老師也太年輕了吧？」原來當時的導師，其實也只大了我五歲，是個也才二十歲出頭的年輕老師，她有圓圓的臉、大大的眼睛、娃娃一般的捲髮，看起來是那麼的可愛。可是，幻想是美麗的，現實是殘酷的，當她一開口說話我就感到大事不妙，我想接下來的日子應該會很難過，因為——她真的很嚴格。為什麼這麼說呢？記憶最深刻的是，因為大家都還沒熟悉彼此，當我們要選班長的時候，沒有人願意當班長，她見狀，就很生氣的告訴大家：「怎麼？沒有人要當是吧！人生中有很多事情根本是由不得你的啊！像我也不想當老師，還不是要教你們，你以為班長是你們說不要就可以不要的嗎？」接著，老師就直接指派了一個同學，對著班上同學說明一連串她嚴格的規定。對照她年輕漂亮的臉，這一切還真是衝突，不過也因為她的教育方式這樣嚴格，也帶領我進入了另一個更專業的技術領域。

　　也是在這個階段，我認識了許多至今我依然覺得，怎麼可以那麼瘋狂的好同學們，可能因為過去的我太過執著專注在學習技能上頭了，沒有所謂國中的

「叛逆期」可是到了高中，認識了這幾位「狐群狗黨」的好朋友，才讓我開始稍稍享受青春年少的樂趣，當然這份情緣還一直延續至今。會說是狐群狗黨不是沒有原因的，當時她們教會了我騎機車、無照駕駛（當然這是不良的示範，只是人不輕狂枉少年嘛！）、溜冰、開舞會、聯誼、郊遊、烤肉、露營等等，諸如此類，都是我過去的記憶中所沒有的。也在這個階段，她們開啟了我骨子裡那鬼靈精怪的那一面。在高中時，她們給我取了一個綽號「小鬼」，之所以有這個綽號是因為在大家苦無對策的狀況下，我總能天外飛來一筆的提出鬼點子解決當下的窘境。當然，這組合的成員不會只有我一個「鬼」，我們還有「麻雀」、「羊兒」、「嬰兒」、「阿肥」這些聽來好笑又怪異的綽號。

今年的某一天，當我在瀏覽部落格的留言時，竟發現有一位留言者寫著：「嗨！小鬼……」，瞬間有好多好多的思緒湧上心頭。在工作了這些年後，才深刻的感受到，原來過去那段學生時期，真的是最單純、最真的情誼。沒有任何人、任何事能夠輕易打擊，我們所建立的情感，即使是在經過了那麼多年我們各自擁有不一樣的人生後，依舊沒變過。

人生有很多重要的友誼都建立在求學和當兵時期。

台北我來了/

　　在唸書的這段時間裡，最珍貴的不僅只是同學朋友而已，最值得珍惜利用的時光，就是每學期結束後的寒暑假了，這也是我最期待的時刻。每回只要到了放假時候，我就會告訴母親：「老師已經幫我安排好工作在台北，我放假要到台北去工作。」當然我不是要去玩的，而是真的拿著行李上台北，只不過所謂「早已安排好的工作」其實是個幌子，這一點可能到現在，媽媽都還不知道吧！

　　那個年代的台北，是個全台灣最繁華的大城市，所有最時髦的、最先進的通通都在台北這個城市，想到大城市裡闖一闖的人不在少數，包含我在內。我想到這樣的一個城市裡，去看看這不一樣的地方，他們是怎麼樣在經營美髮的。那個時候我給自己的要求是沒有退路的前進，我沒有多餘的零用錢可以讓我住飯店，也沒有交友廣闊到有朋友家能夠讓我寄宿，所以我非得在第一天就要找到工作不可，只要是我看上的美髮沙龍在應徵人手，不論是助理、設計師、打雜、收銀或學徒通通都好，哪怕我在升高中的那一年，已經是設計師的身份了，只要是有工作可以做，我都願意做。我的目的不在薪水，當然以現實面來說它也是重要的，但更重要的是我想進到店裡頭看看，一樣的行業，別人是怎麼樣的經營、管理還有別人的技術運用為何。

　　高中三年，幾個寒暑假，我已經住遍了各大美髮沙龍，其中也包含了知名的連鎖店，或是只有大牌明星才會去的御用美髮沙龍，那裡頭的設計師，果然都跟大牌明星一樣的大牌，一舉手一投足，都是那麼樣的充滿氣勢，當他手往後時，助理就要很準確的知道，他現在需要的是什麼工具，並遞上。當設計師

在做造型的時候，明明是我們都習慣的小動作，但在大牌設計師的表現上，那股氣質就是有所不同。常常也會有很多出手大方的大牌藝人，會給設計師或助理們小費，出手之闊綽，在只有十幾歲的我來說，根本是天文數字一般，我都會想：「如果我有那麼一大筆錢，可以怎麼花？」所以在我小小的心靈裡，就給自己訂下了目標──有一天我的技術，一定要像這些大牌一樣被肯定、賺一樣多的錢甚至擁有更多的名氣。

待過這麼多美髮沙龍，其中最特別也讓我印象最深刻的是一間主要客戶都是酒店小姐的美髮沙龍。之所以會印象深刻，是因為酒店小姐的特色，都是很豪氣也很捨得花錢，可是當你不順她的意，通常你也很難有什麼好下場。有一回，一個小姐走進來，告訴我她要燙頭髮，我不知道哪裡來的勇氣，就介紹了她店裡最貴的藥劑，在二十五年前的台灣就要價台幣六千元，這實在不是一個小數字，我也不懂為什麼要介紹她這款藥水，可能是她的氣質讓我感覺她與一般人不同吧！所以她值得高級的消費。沒想到，經過我介紹藥水的特性和分析她的髮質後，她也輕鬆爽快的答應了。我很開心的完成接下來的工作，直到造型完畢後送她出門。一回頭，同事們的眼神卻讓我感到不安，他們七嘴八舌的想告訴我，剛剛那位客人是個多可怕的人物，上次有一位設計師被她罵到離職，而且那個值六千元的藥水，開店到現在三年了，沒有一個人用過，我是第一個……。天啊！這番話讓我立刻從天堂掉入地獄，我用十七歲的單純腦袋思考著，萬一、萬一她燙的不滿意再回來找我麻煩怎麼辦？萬一她要我賠錢怎麼辦？我根本沒有那麼多錢呀！隔天，我就立刻辭職了，現在想想，我當時為什麼要那麼在乎旁人的耳語呢？不過，這還真的是蠻特別的經驗，你說是吧！

還有一次，我到了一間剛剛開幕沒多久的美髮沙龍，我應徵的是設計師。

本來一切都很順利，我也工作的很開心，可是，他們的來客率不如一開始所預期的，沒多久時間，便開始傳說要裁員了，想一想，在這間美髮沙龍裡頭，不論是資歷、年齡、技術，最應該會被裁員的人非我莫屬。從知道要裁員的那一天開始，我的心裡就一直很慌亂很不踏實，那種感覺真的很不好受。就這樣熬了兩三天，終於，該來的還是躲不掉，當經理走向我的時候，幾乎就是在告訴我：「嘿嘿！你中獎囉！」走向辦公室的路，原來很短，可是在這個時候，我卻覺得好漫長喔！每一步走來都格外的沉重，腦海裡一直不斷的在模擬著，當他告訴我：『妳的技術太差，所以請妳走路吧！』我一定要回他：『是你不懂我的專業！』若是他說：『妳還年輕。』我一定要告訴他：『是你太老吧！』如果桌子上有一杯水，我一定要拿起來潑他。

終於經理他開口了，可是接下來他說出的話，竟是這樣讓我意外。他是這樣說的：「我錯了，我高估了自己的經營能力，我以為這一切可以很完美的，所以請了很多優秀的員工陪我一起打拼，但現實並非如此，我想妳也還是學生，過了假期妳還是要回到學校去，那麼與其到時承受分開的難過，不如現在就讓妳回去吧！很抱歉必須要做這個決定，薪水裡我另外附上了車資，希望妳能夠平安回家。」就是這麼一段誠懇的告白，讓我預演的畫面，完全無用武之地，我什麼也沒說，只是含著淚水看著經理，點了點頭，說了聲：「祝福你。」轉身就走。

這一幕直到現在我都還是無法忘懷，因為他的說話藝術，讓我佩服，我沒有辦法去怨懟一位那麼誠懇的主管，不知道後來他是不是順利的渡過危機，不過我相信，以他的態度，就算是失敗，那也只是一時的，積極誠懇的人，永遠都有成功的可能。

相信所有的故事發生都是好的，不論是失敗還是成功，因為它都可以轉換成為我的經驗，陪著我走下一段路。

畢業等於失戀？/

　　由於各大髮型連鎖多分布在北部，在當時企業媒合活動還不是那麼樣風行蓬勃的時代，我就讀的學校就先行為我們這些畢業生媒合工作。當時台灣的經濟正在起飛，同學們幾乎都爭相跟北部的廠商簽約合作，因為大家都嚮往那樣的繁榮和一個人外出的自由，更有趣的是企業主還會配車專程南下，載同學們北上工作呢！

　　這麼樣一個吸引人的條件，死黨們也都紛紛加入徵才，即將北上工作了，當然我心裡知道，我是想跟隨大家腳步的。是不是我單純因為受了同儕影響，覺得若是自己不能夠和他們一樣，就會覺得比不上大家？也不全然如此，每一回我到台北工作時的經驗累計和所看所學，才是真正吸引我的原因。台北是那麼樣一個繁華、流行的所在，這是當時的南部所遠遠不及的。

　　但我知道這一切的澎湃都只能是存在我心裡的幻想罷了，父母是不可能同意我北上的。即使明知如此，我的個性也從來都不允許自己放棄任何可能的機會，於是我硬著頭皮回家和母親懇談，希望試著說服她。果不其然，不管我說了再多，他們仍然是不同意的。年少氣盛，當我知道已經沒希望的時候，不知道當時是想置之死地而後生還是怎麼著，我急了，便出口告訴母親：「我有我的抱負和理想，妳怎麼能夠厄殺我的夢想呢？」此話一出，我沒有想到，為什麼口氣會那麼重，更沒想到的是，母親竟然崩潰大哭了起來。雖然我不懂她哭的點在哪裡？但我知道，溝通破裂了，我的夢也破裂了。

　　當晚，我就接到一通關心慰問的電話，電話那頭雖然先是安慰我，卻也同

時責備我，她說：「妳一直是那麼乖的一個孩子，為什麼要對媽媽說那麼重的話？」我真的說太重了嗎？連一直以來我以為最能懂我的好朋友都這麼說。我告訴她：「我沒有要對母親說重話，或是兇她的意思，我只是在解釋我的想法而已。」她說：「妳這麼說，又怎麼會是溝通呢？溝通應該是建立在心平氣和上，道理才說的通呀！」這下可換我一頭霧水了，我不懂她的意思，她也似乎不太懂我說的話，經過多次校對後才發現，母親把我的抱負，聽成「報復」，她原來是以為「我要報復她」。天大的冤枉呀！我才知道了為什麼母親會大哭、溝通會破裂的真正原因。所以說，良好的溝通不只是要建立在心平氣和，更要建立在雙方都能夠有好的聽力和國文造詣才可以。否則啊！不單會造成溝通破裂，嚴重一點還可能傷感情喔！

總之，台北我是確定不能去了，唯一的好事，大概就是挽回了一段即將出現裂痕的母女關係吧！

隔天，學校裡進進出出的，好多好大台的遊覽車，同學們盡是一臉春風，帶著些許的雀躍和大包小包的行李，似乎什麼也掩飾不了他們心中的興奮之情了，相映之下，我一個人站在她們身旁，顯得格外落寞。這時候的天空有點灰，是不是也替我感到不捨呢？怎麼會不知不覺下起雨了，為什麼她們不打傘呢？原來，是我的眼睛下起雨了。這場雨來的又快又急，我來不及撐好傘，只能任憑它滑落在我的臉龐。是捨不得朋友都將離我而去？或是自己無法和大家並肩作戰的無力？我其實不知道，就當作是在宣洩心中那小小的遺憾吧！相較於大家的笑容，我的淚水，是那麼樣的突兀，大家的目光反倒都在我身上了。但沒有人知道，我有多麼羨慕大家。我有多麼希望能夠不要那麼特別，和同學們平凡的追求自己想要的夢，但現實是：我的生活、家庭，都不允許我這麼

做。我天真的以為，傷心不過是一時的，沒有想到就在送走了同學們之後，畢業後的生活，讓我突然之間沒了重心。原來不是只有失戀才會讓人失落難過，無法追夢的感覺，比起失戀真的是有過之而無不及呀！

那陣子，只要一閒下來，我就一個人坐在靠著門的落地窗邊放空發呆，腦子裡不斷跑啊跑的思緒，是同學們在那邊過的都還好嗎？她們是不是和過去我上台北工作的時候一樣，每天都是很時髦的，接觸著所有最流行的事物？常常，這樣想著，一天就這樣過去了。母親看在眼裡，也是心疼，而我明知道母親說的話不是沒有道理，我對於美髮工作已經有六年的經歷，而且也早已經是設計師身份了，為什麼要再平白浪費時間去到台北從頭學起呢？偏偏就是無法從這樣的失落中調適過來，直到那一天，媽媽給了我一個很棒的安慰禮物……。

所有生命片段的加總，就是人生！

塞翁失馬焉知非福/

　　母親說：「在香港有一個美髮研習，他們請來了世界首席的知名設計師講課，我想讓妳去看看！」。

　　其實家中一點也稱不上富裕，母親為了讓我出國，可以說是用了自己最大的力量。民國七十年代的民風，不要說年紀還輕，高中才剛剛畢業的我，就說是有能力出國的人都很少了，而我卻有這樣難得的機會，更令人興奮的是，我可以看最時尚最流行的事物，因為香港，正是時尚的朝聖地呀！

　　當晚，我迫不及待想將一切和我的朋友們分享，幾乎打遍了所有人的電話，告訴她們這個好消息。現在想來，我還真像是個討糖吃的小孩一樣，只不過在當時，我可不這麼認為唷！

　　就這樣，一個出乎意料的禮物從天而降，我是何等的幸運，那一年我才僅僅十九歲。

　　終於到了要上飛機的這一天，我沒有離情依依，倒是母親給了我一個深情的擁抱，並告訴我：「好好的去玩吧！」，年紀輕輕的我，不想太多，最直接的反應是「媽～妳不要那麼肉麻了吧！不過是去幾個星期而已呀！」拍拍母親的肩膀，我就像是個小大人一樣，自己提著行李上飛機了。

　　那是一個很新鮮的體驗，直到今時今日，我仍然無法忘記，當初踏進機門的那個感覺，有一種踩在半空中的感覺，看著以往在課本上才看的到的台灣，

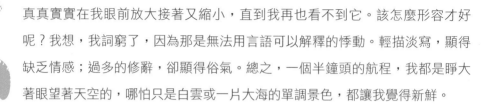

真真實實在我眼前放大接著又縮小，直到我再也看不到它。該怎麼形容才好呢？我想，我詞窮了，因為那是無法用言語可以解釋的悸動。輕描淡寫，顯得缺乏情感；過多的修辭，卻顯得俗氣。總之，一個半鐘頭的航程，我都是睜大著眼望著天空的，哪怕只是白雲或一片大海的單調景色，都讓我覺得新鮮。

當我踏上那一個陌生卻又熟悉的土地，不知道是不是坐飛機的感覺還沒完全褪去，整個人竟有些飄飄然的。至於為什麼熟悉，大概是因為他們跟台灣人除了語言不同之外，外表上沒有太大差異吧！

依舊覺得很新鮮，在等待接應的過程裡，我不斷的觀察來往的人群，他們看起來是那麼樣的有自信，走路都像有一陣風吹過一般。明明是一樣的臉孔，沒道理他們說的話我全都聽不懂呀！所以除了觀察他們的打扮之外，我還一直試圖想聽懂他們究竟在說些什麼。但是，雖然廣東話很像台語加客家再混中文，不過我還是聽不懂，不過，有趣的是，他們聊天在我看來都像在吵架罵人一樣，實在很特別。一路上，我就像走進大觀園的劉姥姥一樣，什麼都看，什麼都覺得好玩。

正式開始課程的這天，老師大概講述了一下接下來的行程，原來不是我所想像的那樣：上一整天課，然後還有作業。我們的課程很有趣，上午是上課時間，老師會講述基本的技巧和態度，下午由老師帶著學員們一同到大街上，實際感受流行的脈動，偶爾也會有參觀美髮沙龍的行程。幾天下來，很快我就發現，原來美髮的領域是那麼樣廣大，這和過去跟母親學習來的技巧是完完全全的不同。在這裡，我第一次知道母親告訴我，跟學校教導我以外的剪刀拿法，學習過美髮的人應該都知道，剪刀要拿得穩要拿得好髮型才能夠完美呈現，這

樣港式的剪刀手法，是我從來都沒有接觸過的，他們告訴我這才是最標準正統的。此外，在幫客人剪髮之前，要先幫客人畫一張素描，這是為了讓你能夠更精準的掌握你的客人的頭型、臉型，以便於接下來要替他們做的造型設計。而且，過去在學校的教學，總是練習剪假人頭，在這，我們每天要接觸的，是真人，真正必須要學著怎麼樣溝通出一個完美作品。我只能說，這兒帶給我的不只是技術，更是觀念的重新塑造，他們讓我知道：「原來美髮不只是剪、燙、染，更是藝術的表現。」每天都有各式各樣不同的全新體驗，我就這樣一邊增廣見聞、一邊學習技術的度過了這一個月。這一切，都是如此令人讚嘆，不僅拓寬了我在流行及美髮的視野，更開啟了我的世界觀。

計劃永遠趕不上變化，但你可以試著讓變化是好的，完美的。有時候不要太過固執己見，多接納他人的意見，或許也是你成功的方法之一喔！

人小鬼大/

　　經歷了與以往不同的磨練後，再一次踏上我真正熟悉的故鄉，持續的飄飄然，騰雲駕霧的感覺取代了近鄉情怯，臉上的自信和光芒好似南台灣的豔陽一般閃耀，心中的感覺就像是被打通了任督二脈還學成了武林秘集的武林高手一樣。

　　就這樣，母親的付出換了一個全新的我回國，你一定無法想像她有多開心，她開心到在髮型沙龍的店門口，掛上了紅布條，上頭還寫著大大的「賀！陳冠伶 遠赴香港髮型學院　學成歸國　燙染髮六折優待」，看吧！她真的很開心，開心到她絕對不會想到後來我會成了她頭痛的根源。

　　剛剛說過了，煥然一新的我，毫不忌諱的將自信全寫在臉上，當然在服務客人的架勢也大不相同囉！除了不變的甜美笑容之外，客人進門坐定之後，我都還會煞有其事的拿出紙筆，開始幫客人畫素描，母親看了總會給我一記白眼，因為在她眼裡，這是一個很多此一舉又自以為很會的動作，而且裝模做樣到讓她覺得很丟臉，可是我很堅持，一定要先完成這個動作，才要替客人做接下來的造型。只是這本來就不是我的強項，偶爾也會碰到畫不出圖來的窘境，但由於之前的素描訓練，就算是畫不出來，我還是能夠靠著畫畫時的觀察力，用最快的速度，找到適合客人的圖片範例，說明我的設計理念。這是過去我所不曾嘗試過的溝通模式，甚至於我一直以來嚮往的繁華大都市「台北」也沒有。

　　另外，剪刀的掌握手法，也是母親對我很感冒的一點，她一直覺得為什麼

剪刀要拿的跟她不一樣？我為什麼要這麼做作？這樣又不見得剪的好。或許是吧！但我不這麼認為，總之我一心相信的是出國學習的東西，才是最流行、最先進、最正統的，一點也不把母親的批評當一回事，仍舊堅持我所想的。

大概在回國後的一個月吧！母親收了兩位不過才十五、六歲的小妹妹當學徒，我二話不說的就向母親自我推薦，希望母親能把這兩個助理妹妹交由我來做訓練。母親拗不過我，便答應讓我試試。

隔天，我在店裡的走道上放了兩張椅子，請來助理妹妹讓她們坐著面對我，並有模有樣的想要將出國學來的那一套模式，完完整整的教給她們。於是我告訴她們：「從今以後，就由我來訓練妳們，我已經替妳們設計了一整套完整的課程，只要妳們配合我的腳步來走，很快妳們就可以成為很棒的設計師了。」嗯，是不是很有架勢呀？還有還有，我還要求她們，對我稱呼「陳姐」。好一個陳姐，我不得不再一次強調，那一年，我十九歲。而且我還同時規定她們，每天六點要報到，從基本的洗髮、按摩、接待，沒錯！還有我最堅持的素描也在我的訓練課程範圍內。當我站著在幫客人服務的時候，她們就不能坐著，必須要站在我的旁邊看我是怎麼樣在服務客人的。

看起來很嚴格，但不要以為我是在整她們，我只不過是年少氣盛，還不懂得方法，一心只想把我所學所知，絲毫無所保留的教授她們。不知道是真的太嚴格，還是她們其實是第一代的草莓族，禁不起壓力，陸續在短短兩個月內，就都離職了。

說真的，這事件對我的打擊不小，但我並沒有因為這樣就改變我的態度，

我一直是這麼相信的，是對的事，就不要怕、不要放棄勇敢去做。我相信在成長和學習的過程中，一定會有那麼一段「尷尬期」，事情好像是做對了，但結果卻又不是那樣順心，但是不論如何，這些經驗都會成為下一次做事的參考依據。

成功是經驗的累計，相信自己 just do it。

割喉戰╱

　　經過了『陳姐』事件之後，不知道為什麼，我開始變得很容易緊張、情緒不穩定、心神不寧、手也經常不自覺的發抖，母親都一直覺得我是不是變壞了，晚上不睡覺才會這樣。

　　幾個月之後，因為持續的不舒服，我認為自己應該是生病了，便一個人跑到醫院做檢查。還好，我有做了檢查，這才知道原來我真的不是因為不乖變壞才這樣，是因為我生病了，醫生說我的病很嚴重，需要開刀，在開刀前還必須要服藥控制心臟來治療。我的病名叫做──「甲狀腺機能亢進」《備註》。

　　這病因起源複雜，最大來自壓力和先天性的遺傳。因為母親曾經因為甲狀腺機能萎縮開過刀，醫生囑咐過需要多吃含碘的食物，所以在家中我們幾乎是三餐都會出現含碘量最高的「海帶」。因此當我回家告訴母親這個消息的時候，我們第一個念頭就是「兇手是海帶！」一直到現在我們都還是那麼認為，雖然我們都不知道事情究竟是如何發生的。

　　服藥治療的時間是一段非常難熬的時間，過每一天都像在過一年一樣的久，當我照著鏡子，都忍不住要摸一摸脖子，心裡不斷的想怎麼會這樣？加上母親當時手術的技術不是那麼好，所以在脖子上頭留下了很長的一道疤痕，每每想到這裡，我就不自覺的感到好害怕，我會不會也跟母親一樣，有一道好長好長的疤呢？像是要劃斷脖子似的，只是儘管我有再多的擔心，這一刻我終究還是要去面對。

　　我不清楚那是怎樣的一個麻醉方式，只知道，當醫生開刀到一半的時候，他突然把我叫醒，叫我咳嗽，醫生需要聽聽我的聲音。天啊！當我醒過來的那一瞬間，我真的很慌，你可以試著想像一下嗎？我的頭腦是清醒的，而且清楚的感覺到自己脖子上那涼涼的感覺、清楚知道我的脖子現在正打開在大家的面前，雖然我一點也不覺得痛。但是那強烈的恐慌，已經讓我無法控制的失控尖叫接著狂哭，手還一邊在亂抓。我覺得這一切真的是太可怕了，為什麼要把我叫醒？為什麼不讓我就睡著就好？為什麼我現在要醒過來？

　　醫生被我弄到簡直是沒有辦法了，只好無奈的問我要怎麼樣妳才能睡著？也不知道為什麼，我竟然就回答：「我要聽音樂。」其實我睡覺根本就沒有這樣的習慣，我只是胡言亂語了。沒有多久，我就聽到音樂聲，可是我還是一直不斷的尖叫大哭也不知道過了多久，反正我就是再一次睡著了。

　　當我再一次睜開雙眼，我已經是在一般病房裡頭了，看著病床邊父母焦急的臉龐，不知道為什麼，我忍不住又哭了起來。母親告訴我，她和父親簡直快瘋掉了，當他們在病房外頭聽到我在裡頭大叫，卻又不知道是發生了什麼事情，緊張到都不知道要怎麼辦才好，看到護士出來拿音響，問了護士小姐，她也說不出個所以然來，「妳知道那有多慌嗎？還好現在妳是平安的，不然我跟妳父親該怎麼辦？」突然之間我覺得自己還真不孝，怎麼會讓父母那麼擔心我呢？可是生病也不是我願意的呀！

　　經過了幾個月的復健治療後，終於我的傷口都恢復了，還好它並沒有像母親一樣留下一道長長的疤痕，手術的傷口非常小，幾乎都快看不到了，看來我的擔心都是多餘的了。

【甲狀腺機能亢進】

1. 甲狀腺素最主要的功能

甲狀腺位於頸部的前下方，氣管的上方，重約20公克，人體內分泌系統中最大的腺體組織。甲狀腺分泌二種荷爾蒙：T4、T3是維持身體細胞新陳代謝，生長發育所不可缺乏之要素，對生命之維持相當重要。促進蛋白質的合成及脂肪代謝、增加熱量的產生，與體溫的調節及青少年的生長發育息息相關。

2. 症狀

甲狀腺機能亢進症者除了脖子腫大外，約四至五成會出現凸眼現象，另外也會有心跳快、怕熱、容易流汗、食慾增加、體重減輕、情緒不穩定、失眠、易怒、手抖、下肢週期麻痺、拉肚子等症狀，女性可能會有經期不正常的現象。

3. 治療

⑴內科治療是以藥物治療為主，使用抗甲狀腺藥物以抑制甲狀腺荷爾蒙之合成及分泌，治療時間至少需一年以上。根據統計，兩年治癒率可達40% ，但患者必須特別注意是否有皮膚過敏及白血球減少的副作用發生。如果有發燒、喉嚨痛時，一定要先停藥，馬上回診檢查看看是否有感染現象。

⑵外科治療主要是利用手術將腫大的甲狀腺切除，以甲狀腺嚴重腫大的甲狀腺患者，以及甲狀腺嚴重腫大，甚至出現壓迫症狀或不願接受長期藥物治療者為對象。

⑶放射性同位素碘療法簡單方便，放射性碘療法通常是服用一次，三、四月內便可收效，而若一次不夠，則服用二、三次，即可痊癒。此方法十分方

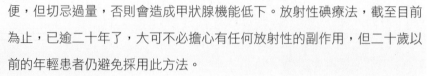

便，但切忌過量，否則會造成甲狀腺機能低下。放射性碘療法，截至目前為止，已逾二十年了，大可不必擔心有任何放射性的副作用，但二十歲以前的年輕患者仍避免採用此方法。

4.日常生活注意事項

(1)避免攝取含碘食物，例如海帶、辣椒、巧克力、紫菜、海苔、蛤蜊、魚貝類，尤其不可吃太鹹。

(2)因情緒不定，交感神經較旺盛、易怒、緊張、所以也要避免含有咖啡因的茶或咖啡。

(3)盡量保持身心愉快，少發脾氣，另外，若是屬於復發的高危險群，更應特別小心。

(4)配合醫師指示服藥，接受治療方可重拾健康。

(5)病患心情不定、壓力大、女性更年期、生產後或食用過量的碘（例如：海帶、紫菜等含碘量高的食物），碘消毒使用不當、使用含碘顯影劑的X光檢查。

資料來源：國家網路醫院
http://hospital.kingnet.com.tw/medicine_disease/nobegblood.html?id=127

結束將是新的開始/

　　在大時代的影響下，家中所經營的美髮沙龍面臨了轉型的危機，怎麼說呢？在人事的方面是最大的問題是：無新進的人員。我們大約擁有了二至三位的設計師，加上五到六位的助理，這樣一個要大不大，要小不小的規模，也是導致技術斷層的原因，新舊技術無法交替。另外，客層也是另一項重要的因素之一，好比像是我出國進修所學到的一切新技術，因為家中經營的美髮沙龍是屬於社區型的，客源多是固定的熟客人，當然在造型方面的需求，也會是較為保守傳統的，這樣一來，我的新技術便無用武之地了。空前的危機和尷尬的窘境，讓我們處在一個不上不下的經營情形。

　　再說詳細一點吧！例如一個圓臉的客人，我希望她能夠試著燙個捲度製造紋理，或者以瀏海來修飾臉型，不過通常客人都不太能夠接受這樣的改變，而我也只能夠依他們所習慣的方式去操作，這是最主要讓新技術無法發揮的緣故，這點讓我感到很挫敗。新進人員方面也會因為客源社區化，所以很難打入原有設計師的市場，而紛紛另謀高就。

　　綜合上述的問題，讓我害怕在這日新月異的大環境趨勢影響下家裡的美髮沙龍將會沒落，我不只一次和父母討論，並建議可以朝著什麼樣的方向去努力，例如最基本的統一化：員工需要有制服，做帳的方式、清潔打掃、裝潢設備……，可能是我年紀還小經驗也還不足吧！母親總是附和我，卻不曾有實際行動。我只感覺自己的新技術正一天天在退步，而仍舊是看不出來父母有積極的做法。

就這樣日子一天拖過一天，相同的步調持續了兩年，不知道是不是被我的建言給煩累了，總之父母決定，結束髮型沙龍的營業，讓懷抱著無限夢想的我展翅高飛，而母親也甘願的回歸全職家庭主婦。

雖然當時我們都不知道這樣的決定是對是錯，可是它確實為我們打開生命的另一個契機。

如果只是安於現況不求改變，那麼很可能，這一輩子也就是如此而已了。人因夢想而偉大，難道不是嗎？

緣/

一早醒來，母親便交代我：「今天中午有客人來訪，快去打扮打扮。」其實打扮這回事對我來說稀鬆平常，只是不懂，母親為什麼還要特別交代？抵擋不住心裡的好奇，我忍不住問母親：「我不是平常就會打扮了嗎？幹嘛還要提醒我？」母親：「還不夠、還不夠，要比平常再漂亮、淑女一些」。看吧！真的很奇怪，可是當下我也問不出個所以然來，可能那位客人真的是什麼很重要的人物吧！

午後，我和姊弟三人就坐在家中客廳看著綜藝節目，時而討論劇情，時而配合的大笑。這時有人按了門鈴，我便很自然的走向前去應門。是表姨，不過她後頭還有一對夫妻和一個看起來像剛剛退伍的年輕大男孩，因為他的站姿，活像在站衛兵，直挺挺的，還穿著一整套正式的西裝，外加打的很工整的領帶，再搭配上靦腆害羞的笑容，這在我的朋友群裡面是少見的造型，第一眼就讓我印象深刻。

待大家都坐定位後，母親便進到廚房裡頭去張羅了，而我繼續回到剛剛的崗位上，和姊姊弟弟一起看著電視節目，依舊大笑和討論著，沒想到就在這時候，母親把我叫進廚房裡，她皺著眉頭告訴我「別笑那麼大聲！很難看！待會兒出去不准再笑那麼大聲，電視也轉小聲一點！」我心想：「這有那麼嚴重嗎？我們平時不也都是這樣？怎麼就不見妳罵過我們？」但我只是心裡想，沒有說出口。說出口的是：「那我們關掉到樓上去看好了。」母親卻說：「不行，就給我待在客廳裡！」這讓我感到更奇怪了，為什麼？搞不懂母親她葫蘆裡究竟賣著什麼藥，但就算我有十萬個為什麼，我還是沒有多說話，只是按著

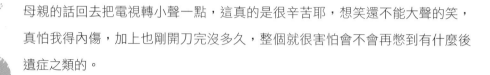

母親的話回去把電視轉小聲一點，這真的是很辛苦耶，想笑還不能大聲的笑，真怕我得內傷，加上也剛開刀完沒多久，整個就很害怕會不會再憋到有什麼後遺症之類的。

沒多久時間，母親就張羅好一桌子的菜了，當大家開始飯局時，我漸漸的開始明白這究竟是怎麼一回事了。因為大家的話題都一直不斷的圍繞在我和那位大男孩的身上，喔對！他也姓陳，就稱他陳先生吧！原來這是一場「鴻門宴」，表姨的目的就是在幫我安排相親。其實我心裡有些不開心，我自認條件還沒差到需要透過母親來幫我安排對象吧！不過仔細看了看陳先生，其實他也還算一表人才啦！這總算稍稍平復了一點我內心的不悅。

言談之間，我才知道原來那對夫妻，就是之前在我們家工作的設計師的父母親，而陳先生是她的哥哥。在美髮沙龍結束營業之後，因緣際會下，才和母親越來越熟。只是雖然如此，我還是不解，哪裡來的IDEA要讓我跟她哥哥相親？而且這場相親大會她自己也沒到場。

果不其然，隔天早上「叮鈴鈴！叮鈴鈴！」的電話聲響了，母親把電話拿給我時，還不忘輕聲的交代好多話，她說：「陳先生很有誠意，一大早就打電話來，如果他約妳出去，一定要答應。」我雖然一邊允諾和他出遊，但一邊也忍不住在想，他是不是也和我一樣，被父母逼著和我聯繫的呢？是不是他其實也不願意接受這一場相親大會？這大概只有他自己心裡最清楚吧！我只知道，我不太習慣被這樣安排，但這樣的安排確實替我埋下了一些種子，而且不知道什麼時候開始，它已經開始慢慢發芽了……。

上天很愛開我們的玩笑，你總以為不會發生的事，卻總是會在你不經意的時候發生，想躲也躲不掉，這就是我們常說的『緣分』。

我聽說過一個這樣的笑話：「有一隻母猴子走在路上，突然感覺到肚子怪怪的，於是她就停下來大了一坨便，後來有一隻公猴子經過，一不小心踩到那坨便，因而認識了母猴，從此成為恩愛的伴侶。有一天，森林裡的動物好奇的問他們：『你們是怎麼認識的？』只見公猴子若有所思的回答：『一切都是"猿糞"啊！』」

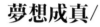

夢想成真 /

　　小時候，我曾看著紅牌設計師手裡滿滿的薪水袋，袋子裡的數目對那時的我而言，簡直是個天文數字，我告訴自己，有一天我一定要跟他們一樣，甚至是超越他們。

　　這是我繼寒暑假北上工作以外，離家最久的一段時間了。就在結束了家中美髮沙龍的營業後，此次的落腳處是「台南」，這是我第一次真真正正擺脫家庭企業的束縛，一個人獨立在外頭體驗生命。

　　工作的地點是全台數一數二的髮型連鎖美髮沙龍。很幸運的，我在很短的時間內，就累積了很多的人脈和客源，締造了非常好的業積，在第一次領到那筆「天文數字」時，我感動得都快哭了，因為我知道我是真的做到了。

　　過去在台北或在國外所累積、學習來的新觀念和新技術，在這裡總算可以讓我感受到落實。曾經感受的紅牌架勢和行為模式，我也一一實踐，過去學的素描，也在此時轉換成更精準的替客人尋找出她所適合的髮型圖片及和顧客互動。至於原先我所擔心的技術退步問題，更是一掃而空呀！在這個階段裡，我不單沒有退步，反而還讓自己練就純熟的技術，能夠模仿髮型，就算是在臉型、髮質、髮長等等條件都不是那麼樣符合的情形下，依舊以我所學的技術盡可能臨摹。學習的開始就是模仿，我除了一邊模仿髮型書中的造型以外，還試著開始學習創新。

　　演而優則導，沒想到就憑著我這一股衝勁，沒有幾個月時間，公司肯定了

我的技術，希望我能夠升任為南區技術總監，負責教育規劃課程，指導技術、服務流程。「陳姐」總算是有方法了。也許這真是上天給我的使命吧！後來才發現：其實，會成為一個教育者，早在這個青春時期就早已初試鋒芒了，只是我還沒察覺。

擔任總監的這段時間，總計維持了約八、九個月，其實我真的是做的很不錯，也就因為太不錯了，所以和當時的男朋友，有了一起開店的夢想藍圖。有了想法就必須要有所作為才行呀！這點我們都很清楚。所以接下來的幾個月時間，我們開始逐步規劃，而一切就像開始想像時那般的美好，終於，我的夢想就要實現了。

對了，這個男朋友還沒跟大家介紹，他就是當初那一個西裝比挺卻有點傻氣的大男孩──「陳先生」。

自創品牌 _

籌備開店／

前面說到，我們有了想法，而接下來需要的就是作法。開店做生意一定要有本錢才行，好加在我有「陳大肥羊」願意出資，接下來的事可就輕鬆多了，不過雖說是輕鬆，其實真正要實行起來還是有那麼一點複雜。

技術面來說，從小父母親的教育、細心栽培、自己的求知慾、台北的工作經驗、國外的進修和台南的淬煉，多多少少減少了我對這一切的陌生感，那麼，經營面呢？在我的心中，早就存在著一份藍圖和一定的企圖心，也早準備了不少方法和策略就只等著哪一天可以真正的發揮。

在台南工作的這段時間裡，我累積了不少人脈及社交群，經過和一些朋友同學們的深談之後，她們也願意加入我的團隊，有了這一切的聚集，這些友情贊助更增添了我的信心，一切似乎就要水到渠成了。

沒多久時間，兩個初生之犢不畏虎的年輕人，利用下班時間在外奔波，開始四處探聽好地點，因為我的客源主要還是在台南所累積，一開始我們希望地點能夠是在台南，最起碼不需要再重新開發客源。只是第一次難免會緊張謹慎一點，總是會希望可以再看看，「會不會有更好的呢？」就在我們幾經思量取捨下，相中了一個我們一致認為沒有地方比它更好的地點。考慮了近一個月後，好不容易決定好，就在要下訂金的時候，房東卻告訴我們，在半小時之前，他已經先租給別人了。沒想到，當真就差這臨門一腳。

由於台南我們認為最好的地點已經是泡湯了，我們便決定回到熟悉的故鄉

——「高雄」重新再來吧！有了前一次的教訓，我們這一次很快的在看過了幾個地點，謹慎評估後的當天就下訂金了，深怕又是一點的猶豫，這大好的機會就稍縱即逝了。

這次的新地點，就選在過去母親所經營的美髮沙龍附近的大馬路口上，屬於同一個社區，幸運的是母親的美髮沙龍結束才兩年，母親二十年來所累積的人脈和我在社區中的名聲，大家都還有印象，這讓我至少擁有了一部份固定客源，加上大馬路口正面對著高雄一所知名高職，更可以替店裡增加不少年輕消費族群。

可是要開店其實不是一件容易的事，需要清楚的頭腦來整理分析市場需求、人員招募、活動規劃、設計裝潢等等，細節多如牛毛，何況當時的我也不過是個二十出頭的小大人，我知道這一切很難，但只要目標明確，就要努力去TRY，憑藉一股傻勁，也就這麼一步一步走過來了。

不要看我年紀輕輕，當時的我可是有很大的野心呢！既然決定要回到故鄉開店，最後選定的地點又是在過去母親所經營的美髮沙龍附近，如此天時地利人和，我當然會希望能在高雄打出知名度，最差，也至少應該是社區龍頭地位的美髮沙龍呀！所以光是尚未開幕的籌備階段，設計師和工作人員一共就招募了二十多位，這其中不單只是設計師和助理，還有會計、店長、接待……而我和陳先生，還給自己冠上了頭銜，他是總經理，而我則是副總經理，房子雖不至於拆掉重建，但其實也算是大興土木了，我們將這棟三十多年舊建築二樓的牆面整個都敲掉了，換成了一大片的落地玻璃窗，這樣一來，我們便可以從二樓清楚的看到街上的車水馬龍、路上經過的人潮，也可以一窺我們的規模有多

大、多氣派。大家忙進忙出的，沒有多久日子，一切也都一一就緒。就在開幕的前三天，那時所有裝潢都已宣告結束，當參加職前訓練的員工們離去，裝修工人也紛紛下班回家的時候，我和陳先生兩個人就拿著椅子坐在二樓的大落地窗前看著街景，路過的行人，黃昏亮起的路燈，學校放學的學生，被初春微風吹落的幾片葉……再回頭望向在腦海中不曉得幻想規劃過幾千百次的夢，真的都擺在我們的眼前，剛剛裝潢完工的油漆、木材和塑料味……是真的都完成了，我們的夢！

這時，累積以久的壓力和情緒，就在四目相交的那一刻一切都再也忍不住了，我們相擁大哭，不需要任何言語也都清楚明白，不能再回頭了，我們只能往下走。以為這是接近夢想的喜極而泣嗎？不！不對！絕對不是！另一種無形壓力將要壓在我們身上，那是面對未來無所知的惶恐──萬一三天後開幕，業績並未達到理想，光是人事的費用加上好地點的貴房租，不要說想打平了，不要虧太多就該偷笑了，這一切我們真的能夠撐過來嗎？可以一直這樣幸運嗎？

三天的時間就這樣過了，雖然忙碌，但心裡終究是抱著這一塊大石頭，放心不下一切，過一天就像在過一年，不舒服的症狀層出不窮，又是胃絞痛、又是頭暈目眩，還全身筋骨酸痛，這三天三夜我們幾乎都沒闔過眼，是因為忙碌沒空睡，也是因為壓力而失眠，但這些都不算甚麼，因為心理的折磨遠比生理要來得折騰人。

炮仔聲/

「砰砰砰……！」隨著一串長長的鞭炮聲，我們實踐夢想的序幕就這樣揭開了——民國七十八年三月二十一日「尹坊髮容造型設計公司」誕生了。

還記得門前堆積如山的是送來祝賀的花圈花籃，還有母親最愛的「火紅大布條」打出了全店消費五折，為期一個月的優惠。

一切都非常開心順利，開幕當天，大家從早上九點開始進行忙碌而愉快的工作，直到晚上九點鐘，都沒人停下來過，二十幾張椅子通通都是滿的，而椅子上的客人一個換過一個，二樓也都客滿了，連請來幫忙招待的助手都忍不住說道：「一個人一杯紅茶，今天來了一百個客人，送茶給他們，喝完再收杯子，這樣一來一往，我跑了二百趟耶！腳都快要斷了，我覺得我好像是在餐廳而不是在美髮沙龍工作喔！」。

看著這般榮景，和三天前我們一起坐在空蕩蕩的房子裡，有著極大的反差。雖然人很多，我們都沒有停下來休息過，卻一點也不覺得累，反倒是整顆心滿滿的，很充實。這也讓原先擔心會不會沒有客人的我們，算是稍稍放下了心中的大石。只不過，這樣的情形大約就在一個月之後有了改變。

一個月後，大概是那些來捧場的人脈該來的也都已經來過了，加上附近社區因為促銷而上門的客人也都在活動結束之後跟著一起都消失，雖不到門可羅雀，但真的也稱不上生意平平。原先剪下來的頭髮可以倒滿三大垃圾桶，但現在可能連半桶都不到，這樣形容可以讓你感受到前後的落差有多大了吧！

　　我們很慌、很擔心，可是我們還是抱著最後一絲希望，是不是可以再試試呢？但好幾個月過去了，生意依舊不見起色，反倒是越來越重的人事和基本開銷，這些數字就這樣，一直不斷的加在我們肩上，好重、好重，壓到我們都快要喘不過氣了。該面對的還是要面對才行，因為這些龐大的開銷，讓我們不得不開始思考，我們是不是該結束這一切了，或者是該減少一些人事開銷？沒想到一直把員工當成家人一般的我，竟然有必須走到這一步的一天，我真的保護不了他們？一直以來，我不願意割捨掉任何一位一起打拼的夥伴，可能過去有過同樣的經歷吧！我知道那種滋味不好受，己所不欲勿施於人，如果可以，我真的希望可以帶著大家一起努力。現在，我真的開始懂了，當初在台北把我辭退的經理，他的心情和立場，一定也是非常不好受的。可是，現在就算我有再多的不捨也都沒有用呀！捨不得並不能讓生意開始有所起色啊！

　　就在我們正要思考該如何精簡人力的時候，一個念頭，讓這一切的低迷有了意想不到的變化。

建教合作／

　　心中早已幻想過千百種可能，裁員的名單也就因為我的捨不得，一改再改，遲遲還沒決定。不知道是心想事成，還是造化弄人，裁員的名單都還沒確定時，員工們也接連在兩三個月內，相繼和我提出辭呈，沒讓我為難的開口，沒想到就連壞人也都不用當了。只不過接二連三的辭呈，就像是被推倒下的骨牌，短短幾個月，原先人力過盛，卻演變成為人力不足了，這下可好啦！該傷腦筋的應該是怎麼樣再請人吧！只不過今時不同往日，現在要再一次招募新人員，已經無法像是剛開幕那麼輕鬆容易。

　　這樣說吧！剛剛開幕之初，之所以請人很容易，是因為大家對於這樣一個全新的公司有所期待，這是一個新的開始。而現在，來客率和業績已經是明擺眼前的條件，加上原先美髮從業人員就一直是處在人才短缺的現象，這都讓徵才更顯大大不易。

　　看著報上斗大的「徵」，光是在一整版的求才資訊上頭，就不曉得出現過幾次了，就連我自己翻開看見了，也很難引起太大的興趣，這也難怪徵不到人才。就在我拿著報紙，又坐在落地窗前看著馬路發呆的時候，我看到稀稀落落的一些對面高職的學生放學了，突然之間我像是被電到一般，整個人都清醒過來，對呀！我怎麼就沒想過請學生來當我的員工，和學校合作呢？過去在我的高中時期，不是還一度很羨慕同學們可以和企業合作找到工作的嗎？那榮景和盛況一直都歷歷在目，就像是昨天才剛發生過一樣。沒錯！就是學校。

　　我這人就是這樣。算是優點嗎？不知道，但我喜歡你說我積極。接著下

來，我就開始尋求各方的學校資源，俗話説的好：「萬事起頭難。」一開始，我試著從鄉下地區學校的國中應屆畢業生，開始談企業和學校合作的可能，希望可以透過這樣的方式，讓學生們畢業後能夠習得一技之長，再加上我們所釋出的利多，應該是很好的合作案才是，但是不論我和學校説了再多，投資再多，總是石沉大海，一點回音也沒有。

是不是我應該重新調整自己的腳步，再出發一次試試呢？高中時的景象，一直深印在腦海中，或許這是讓我存有希望也不願意輕言放棄的原因吧！又或者説：國中生，還沒有對自己的未來有很明確的生涯規劃，所以無法接受這樣子的企業合作呢？這一次，我開始改變方向，朝著有美容美髮科系的高職去談合作案。這才發現，原來產學合作的市場很飽和，有時連想談招生，都不得其門而入。可我不能因為這點困難就放棄了，人員不足的問題是事實，問題還是不能夠獲得解決，怎麼可以這麼快就把我的夢給戳破？不行的！沒有努力就想放棄不是我的風格。我的夢想要靠我自己保護啊，憑藉著這一點，不論多少的挫敗，都還是無法澆熄我想和學校產學合作的計劃。

就這樣，或許是上天憐憫了我這個傻瓜吧！總算是不負苦心人，有一間學校願意和我建教合作了。只不過，他們開出的條件是，希望我能夠負擔一個班級的學生做輪調。也就是説，假如一個班級有四十位學生，就必須有二十位學生到現場實習，三個月後和剩下的二十位學生進行輪調，一面工作賺錢學技術，一面回到校園中學習書本上的知識。

這樣的要求對我來説，確實為難，因為現況的人員雖然不足，但也不至於要半個班級那麼多的人，若是答應了，我勢必又將面臨人員過剩的問題，不過

對於求才若渴的我來說，在無計可施的情況下，也就點頭答應了。

　　這麼做，算是暫時解決了我們所面臨的窘境，但是不是會再一次造成更大的危機？說真的我不知道，我只知道，要做就要做不讓自己後悔的事，那麼就算是失敗了，我也不會怨恨自己當初為什麼要這樣做，可以沒有遺憾的做自己喜歡的事，也是一種幸福吧！至少我是這麼想的。

原來，只要是努力就可以被看見，只要付出就能夠有收穫，危機也可以變轉機。

黃金夜晚/

當我正思索著，會不會又是一個人滿為患的問題時，有員工在開會時提出，因為工時太長，每天都必須從早上九點工作到晚上九點，萬一有什麼要緊的事情要辦，都不能處理，像是去郵局或者銀行。就算是下了班想要調劑一下身心，還是學習進修，也因為一早還要準備上班，什麼也不能做。沒有家庭的單身設計師或助理還算勉強過的去，有家庭的已婚員工，就會因為疏於照顧家庭而導致婚姻出現問題。因為有了這一席的抱怨，倒是給了我很好的想法和全新的經營策略，這在當時來說，真可稱為創舉。

會後，我很認真的思考，是啊！美髮從業人員，常常是一整天的時間就這樣被綁在店裡，接觸客人的時間遠比陪伴家人的時間還要來的長，也難怪這一份工作，總不會是大家理想中的好工作，人員短缺的現象才會一直存在。

一開始的動機很單純的只是想知道，一整天的工作時間，是不是什麼時候比較空閒，或者我可以讓大家輪流有一小段的休息時間可以去處理私事呢？於是我翻了翻業績報表，沒想到這意外讓我發現，一天之中，最好的業績都在晚上接近打烊的時刻。明明六點到九點鐘也才三個小時呀！不要懷疑我看到的，實際的數字會說話，確實這三個小時，是遠遠超過於白天五、六小時的營業業績的。

反正人員一定會是過盛的，所以我一定得想辦法來稀釋人員才行啊！既然如此，便利超商都能營業二十四小時，分成早中晚三班制了，我們為什麼一定要在九點就打烊呢？所以我決定要讓營業時間延後至晚上十二點，人員分做兩

班制。早班是九點到下午五點，晚班則是下午四點到十二點。這麼一來，工時縮短，人員過剩的問題也得到解決，原來大家的抱怨也都隨之消失，因為這樣的時間分配，可以讓大家有更大的空間去做自己想要做的事。除了人事有了解決方案外，若是採用了這樣的早、晚班新制，還能夠讓房子發揮最大的經濟效益，因為房租，並不會因為我使用的時間長或短，價格就有所調整。這突如其來的想法不但能解決兩個問題還增加了經濟效益。

表面上看來一切似乎都很不錯，但不管是任何決定，都一定會是存有風險的，而這當中最大的風險就是，萬一沒有人願意在晚上九點過後，吃完飯看完電視還出門洗個頭、做做造型呢？當真可以改變多年以來傳統的消費習慣嗎？那麼晚了，當大街上的商店都紛紛打烊時，客人和員工的安全問題也會是一大考量啊。

不是不敢再嘗試了，只是我沒有多餘的本錢可以再次揮霍。所以在做任何決定之前，我都必須先仔細思量才行。

但隨著建教生的報到，又基於晚上九點到十二點這段時間少了同業競爭的強大吸引力，讓我毅然決然的下定決心，決定就這麼做吧！其實不要說當時了，就算是現在也幾乎沒有美髮沙龍敢做這樣的營業規劃。

或許是天公疼憨人吧！這樣改變的反應竟出奇的好，晚班的業績比起早班更來的亮眼往往到了晚上九點，才是我們一天精華的開始。

我從來沒有放棄過夢想，只是以不同的形式在延續那個夢而已，真心的感

謝所有陪著我一起熬過艱苦、打拼夢想王國的所有夥伴，更重要的是給我畫筆，讓我畫出這麼一幅美好藍圖的人。

人生的路要怎麼走、怎麼過，請不要懷疑，你可以自己做主，只要有了明確的方向。人生的道路不比想像中輕鬆容易，可誰不是一路跌跌撞撞的呢？學走路的嬰孩不也是在跌撞中學習成長嗎？失敗錯誤，不要怕，換個心念，把錯誤記取，那你將離成功更進一步了。

不離不棄的愛／

　　從美髮沙龍開幕至今也差不多有一年了，從原先的搖搖欲墜，到穩定成長，直到現在，雖不至於有多大的規模，不過也算是小有成績了。改變策略後的營業時間，讓我在店裡忙進忙出的時間更長了，從早上九點忙到晚上十二點，隔天一早七點鐘又要再起床上班，每天工作時數長達十多小時，往往整理好一切下班回家，也差不多都要接近兩點了。記得這個時期，我和陳先生最愛的休閒娛樂和小約會的時間，就是下班後的宵夜時間了。也是在這個時期，雙方家長都覺得時機差不多成熟，是可以討論婚嫁的時候了。一切好像都是那麼的理所當然，可是偏偏就又必須讓我們再次承受上天的考驗。

　　到現在我都還清楚的記得我們在哪一家店的哪一個座位。某天的宵夜，我們習慣性的來到六合夜市吃海產粥，就在吃完飯後準備回家的車程，我一直不斷的大咳嗽，起初陳先生還以為我是不是剛剛被什麼東西噎住，可是接下來的這一幕又立刻把我們的想法給推翻了，因為我咳的是血，是一大口的鮮血。十來分鐘的車程，我就咳了好幾次。

　　回到家後，我忍不住告訴母親這件事，只見她和父親的表情很凝重，什麼話也不說，便催促著陳先生早點回家。送走了陳先生之後，母親對我說：「妳明天天亮，到醫院去做檢查吧！很可能是肺結核。」當我還在疑惑母親怎麼會知道的時候，知女莫若母，她像是讀出了我眼裡的問號，接著對我說：「在十幾年前，你爺爺就是生了這個病，他當時的情形就跟妳現在所形容的是一樣的。」這句話徹底道出了父母親心中的擔憂。我這也才開始感受到事態嚴重。

　　隔天一早，我沒有耽擱，立刻就到了醫院去檢查，當我告訴醫生我是來檢

查肺結核的時候，原本還當我是感冒小問題的醫生，突然間以迅雷不及掩耳的速度將口罩給戴上，這個舉動又再一次讓我想起昨晚母親的眼神，那個充滿不安又凝重的神情。

接著下來是一連串的胸部 X 光、抽血、抽痰化驗等等的例行檢查，一小時之後醫生告訴我，確定是肺結核，請我立刻到防治中心去，因為這個病是傳染性疾病，從現在開始，我不能隨便走動，要戴著口罩。

防治中心在高雄的鼓山區，接近壽山的位置，算是這個工業大都市裡風景空氣都還算不錯的地方吧！沒想到映入眼簾的，竟然是一個個骨瘦如柴又面容憔悴的人們，忍不住暗暗地想：「難道我以後也會是這模樣嗎？」沒有太多時間讓我思考，接著又是一連串在我看來是大同小異的檢查。結束過後，他們告訴我一件勉強稱得上是幸運的事，我得的是非開放性的肺結核，不需要隔離治療，但是因為我的肺部已經有部份萎縮了，需要透過藥物長期治療，療程約一到二年。

因為是非開放性的，不會直接對人傳染，所以我也就不刻意的避開大家吃藥，沒想到，有一回中午飯後，我一如往常的拿了藥起來吃，這個時候一個聲音從我身旁出現，小聲的對我說：「副總，妳也得了肺結核嗎？」哇！這句話差點沒讓我把藥給吐出來，他是我店裡的資深設計師。我連忙問：「你怎麼會知道？」沒想到他的回答竟讓我真的把藥給吐出來，因為他說：「我也是。」然後晃晃他手上的藥。怎麼會這樣？到了這一刻我才發現，原來我從來沒有那麼仔細的觀察過他，現在再仔細看看，他和當初我在防治中心看到的那些人一樣比普通人瘦弱許多。當然我也不禁要想，一家店裡三十位員工我和他兩個人

就都有肺結核，機率這麼高，醫生真的確定我們不是會傳染的開放性肺結核嗎？否則，我們是怎麼會「這麼巧」同時生這個病呢？其實就算是現在，我還是不解這一切是為什麼！

在這段時間裡，我就這樣一直不斷的往返醫院，每一次在照了 X 光，領了藥回家的路上，我和陳先生兩個人，總是沉默沒有多說話，這是我第一次感覺到，原來我們之間也會存在這樣的沉默，空氣都像是凝結了，我看著手中的藥包，再假裝不經意的用眼角餘光望向陳先生，我不禁要想，如果這是對我們感情的考驗，那麼我們能夠渡過這一關嗎？像我這樣的一個病人，還有條件和他論婚嫁嗎？要知道婚姻不只是兩個人的事，而是兩個家庭的事。就算是他能夠接受、能夠不離不棄，那麼他的家人也可以嗎？

該來的總是逃不掉，父親代我先開了這個口。父親請了陳先生到家中，並告訴他：「我女兒的身體不好你是知道的，我們也都清楚現在你們感情和事業都很穩定，是時候可以談婚論嫁了，今天請你來這裡，是想讓你知道，我們現在已經沒有本錢再和你們談婚事，就算是你不介意，但很可能你父母也會介意，所以我想聽聽你的想法，若是你無法接受我這樣一個虛弱的女兒，我們也能夠理解，只希望不會耽誤了你。」細節我也記不清楚了，我只記得，陳先生的一句：「我會一輩子照顧她的！」當下，這句話讓我所有緊繃的神經鬆懈了。我何德何能擁有這樣的愛。更重要的是，未來的夫家也不介意這個問題，我看到的反而是更積極的在籌備婚禮，就這樣，半年後，我帶著一包包的藥和虛弱的病體，正式從陳小姐變成陳太太了。一路走來的不離不棄，我心中充滿感恩。我知道光是一句謝謝並不足以回報這樣的一份情，我想我只能用我一生的愛來回報你囉，陳先生！

看不見的心酸/

　　我們很快的開了第二家店，但其實最主要的原因是因為我很注重教育，所以當初的那些助理手，在一番培訓過後，都已經成為獨當一面的設計師了，先前因為助理人員過盛，所以採用了兩班制，現在助理晉升為設計師，當然又必須面臨到設計師人員過盛的問題。幾經思考後，為了要留住好的人才，我們決定再開第二家店，比照現有的兩班制模式經營。

　　由於有了前面成功的經驗，我們不需要再像一開始一樣，四處奔走的去學校尋求合作，自然就有學校會主動要求建教合作了。當然這是提供人力最好的方式，所以在三年內，我們陸陸續續就開了三家店。表面看來風光，其實這三年，我一直處在一種被人事所困擾著的狀態，有時是人力資源過盛，必須要調整工時和三家店的人員分配；有時候是人力不足，那麼我就必須像超人一般，不停且快速的來回穿梭在三家店之間，從早上到半夜，每天工作時間超過十五小時。這些經歷都讓我深刻的體會到，每段成功故事背後，總有許多不為人知的辛苦啊！

　　記得有一回，公司缺會計，登報後沒幾天來了一位新的會計小姐。當時因為突然的人員短缺，我來回穿梭在三間店中，等到發現問題的時候，已經是她來上班的第三個月了。

　　某一天，我想了解在這樣人員短缺的情形下，業績是否仍穩定成長，因為這關係到我是不是應該再增加新的人手，而且還關係到必須增加多少人。雖然我是如此的信任我所有的員工，可是無意間還是讓我發現了這其中的不對勁，

有好幾筆的帳目支出等明細的細項看來是有問題的。經核對之後，我們發現這些有問題的帳目明細竟然是近幾萬元的假帳！

於是我請了這名新的會計來談話，她也承認自己做了假帳，可是因為她沒有錢可以還公司，只好把機車給公司作抵押，等她籌到錢再來贖回。本來我們還很同情她，想說她的家境並不好，才會一時糊塗做了犯法的事，可是看見她的鎮定和理所當然的態度，又讓我不得不對她重新評估。而且幾乎是同一時間，又發生了一件令我感到傷心的事，在美髮沙龍的樓上，是建教合作的學生所住的宿舍，因為工作方便的因素，我讓他們的宿舍是和營業場所一起，同樣是基於對這一群孩子們的信任，我沒在店裡加裝任何防盜的設備，許多耗材和設計師的工具，就這樣大刺刺的放在美髮沙龍裡，沒幾天就有人發現，怎麼東西一樣一樣的不見了，起初是耗材的數量一直都不對，還以為是點貨時點錯數量，沒想到再過幾天，連設計師的工具也都不翼而飛了。為了平息大家的相互猜忌，也為了嚇阻這名內賊，我還煞有其事的請了警察來店裡頭調查，每一個員工都做了筆錄按了指紋，可是查不出來就是查不出來，東西當然不會自己長腳跑了，但是也完全沒有任何人知道這一切到底是怎麼一回事。

就這樣逼不得已的，只好另外在外頭租一棟房子，給大家當做宿舍，不讓營業場所和宿舍混在一塊兒。只是這麼做，又讓我多了一個月幾萬元的支出了。這一切也讓我開始疑惑，我究竟能不能夠再信任人心？原本我是那樣相信著大家，只是類似的事情不斷發生卻又讓我不得不思考、防備人性的貪婪。這問題真的很難，就算是到了現在，這當中的份量拿捏，我只能說我還是無法做得完美。

除此之外，在這段經營美髮沙龍的日子裡，也曾發生過因為小事而造成誤

會，以致於竟然有人來到店裡「砸店尋仇」。起因是因為有一位設計師在跟助理開玩笑，用腳往她的膝蓋撞了一下，助理因為被這麼一撞，腿軟了下去，所以幫客人洗頭的水就滴到客人的衣服上，當時這一幕看在大家眼裡，都是嘻嘻哈哈的笑著也沒想太多，可是沒有想到等晚上下了班，正當大家都在休息區聊天吃宵夜時，突然助理的男朋友就拿著一隻棒球棍，一走上樓來，就殺氣騰騰的問道：「是誰？叫她給我出來！」助理在一旁附和著指向設計師，並告訴男友：「就是她！」在同一時間，那名男子走向設計師，拿起球棍就朝她的頭揮打下去，幸好棍子只是打到了牆壁，那名設計師並沒有受太多傷，倒是我因為看到這一幕，竟然嚇得昏厥過去了。

還曾有調皮的小孩拿了「BB槍」，把店裡的落地玻璃當做靶心，害得我們一整片的落地大玻璃都破了，還記得我和先生為了這塊玻璃窗，可是狠狠被折騰了一翻。因為那片破掉的玻璃是位於我們美髮沙龍的二樓位置，因為玻璃窗破掉，使美髮沙龍成為了二十四小時的開放性空間，這可不像是一樓店面，打烊後還有鐵捲門可以遮蔽。訂作全新的落地窗，需要兩到三天的工時，也就是說在這段時間內二樓門戶大開，因為放心不下，所以我和先生就這樣在美髮沙龍的二樓住了三天，這三天我們都是輪流休息的，因為在與外界完全沒有任何阻隔的情形下，我們根本無法安心入眠。

諸如此類的問題就這樣不斷發生，然後解決，再發生，然後再解決，我已經快要不記得這段傷神的日子持續了多久時間，只是現在再一次回想才赫然發現，原來當時，也曾經經歷了那麼多的困難呢！而這些都是局外人所無法體會的心酸和辛勞呀！

搶不走的堅定/

　　我真的不得不這樣說，美髮沙龍的經營真的是我很重要的一個時期，在這段時間裡，有很多的至親也成了我的工作夥伴，比如像是弟媳、姊姊等，都是我事業上的好夥伴。

　　尤其姊姊，過去年紀還小的時候，大家各自忙著學業、打工，不是不親，只是比較沒有時間交換心事，但因為美髮沙龍，在成年後的今天，又再一次的把我們的情感建立，就像是個命運共同體一般，我和姊姊的感情在這段時間裡加溫了不少，直到現在，我們每天都要通上一通電話。

　　回想起那一段在美髮沙龍的工作時光。高雄很熱，當時我們其實也都是有車的，但不知為何，我們還是喜歡騎著機車，吹著微風的感覺，或者其實我們喜歡的是騎著車時，兩人貼近的感覺吧！每天晚上姊妹倆都會像這樣共乘一部機車，一前一後一路聊著一天發生的事情，嘻嘻哈哈的回家。

　　有一天我們一如往常的騎車回家，路上突然騎來一台車靠近我們，是兩個看起來年紀跟我們差不多的男生，一開始我和姊姊還以為是要來搭訕的無聊男子，並沒有想太多，也沒有多加防備，可是就在這個時候，他們越貼越近，當我回過神感覺到不對勁的同時，後座的男子突然手就伸向車籃子的兩個包包，也不知道是因為車子依舊在行進中所以不穩，還是他正在猶豫應該要搶誰的皮包，總之我們就這樣眼睜睜看著他，先是一把拿起了我的，又放下拿了姊姊的，重覆了幾次以後，最後他搶走的是姊姊的。

不幸中的大幸是我和姊姊都沒有受傷，而且那對搶匪也押錯了寶，因為姊姊的皮包裡頭什麼也沒有，反而是我的皮包裡裝滿的是三間店一天的營收。

　　只是禍不單行應該可以拿來形容此時多災多難的我們吧！沒過幾個月，姊姊就單獨在路上碰到搶匪了，當時姊姊始終不肯放手，被搶匪騎著車拖行了幾公尺，隔天，報紙上還登出了姊姊的英勇事蹟，他們說她是「英勇抵抗搶匪的女豪傑」。而我呢？也在某一天，當我離開了其中一家美髮沙龍，正打算開車到下一間店去工作的時候，突然想起我有東西忘了拿，所以就很自然的把車子停在店門口，包包都還放在副駕駛座人就下車了，但在進門後，馬上接著就聽到外頭有人撞到我車子的聲音，我立刻衝了出來，想要查看到底發生了什麼事，只見一台機車就這樣匆忙的離開，這才發現原來他把我的車門鎖撬開了，放在副駕駛的包包也早就不見了。

　　真是多災多難的兩姊妹啊！不過大概也就因為這樣吧，我們建立起莫名的革命情感，那是誰也無法輕易打擊的堅定情感。現在想想，若是沒有當初的這一段，又或者我不會體會到這一份姊妹情深呢！

生命的喜悦/

　　就在結婚後的隔年，除了定期服用肺結核的藥物和忙碌事業以外，我們也開始規劃擁有小孩。可能上天也有聽到我的心願吧！就在醫生宣布可以停止服藥準備調理身體懷孕的時候，我就發現我懷孕了。

　　從來也沒有生過小孩，以前總是聽人家說，懷孕有多辛苦，害喜有多嚴重，我都會覺得是不是形容的太誇張了一點，沒想到自己真的懷孕的時候，才知道這一切真的所言不假，我的害喜狀況還真是有過之而無不及呀！這根本是挑戰人體極限的運動。

　　那陣子整整九個月，我是吃什麼吐什麼，有一回和先生去餐廳吃飯，吃到一半突然覺得很想吐，才剛想而已，下一秒我就直接吐在整個碗裡。天啊！當下我真的是尷尬到不行，只好用衛生紙蓋著，也不好意思麻煩服務生，就自己拿著碗，走到洗手間去倒掉並清洗。有時候工作中，服務客人到一半，也會想要吐，過去海鮮是我的最愛，但是現在只要看到這兩個字，不需要味道出現，我就立刻反胃。這樣的害喜狀態，遠比我想像中的要可怕許多。

　　因為這樣的長期嘔吐，所以醫生建議我必須要施打營養針，才可以維持母女的健康。只是此時正逢人事調動最嚴重的時期，我無法丟下一切不工作，加上家裡的觀念是孕婦也需要多運動的，就這樣我挺著肚子一直到了預產期的當天，即將要生小孩了，依舊是在工作。就連客人都還會心疼的要我早點休息，不要那麼忙碌了，可是人事的不穩定，還是讓我無法放手待產。有趣的是，顧客們嘴裡希望我能夠休息，但很多客人進門還是會指定「我要那個大肚子的幫

我造型」。不知道，這算不算是所謂的言行不一呢？

就這樣九個月過去了。有一天半夜，我突然覺得肚子很痛很痛，我以為是吃壞東西所以拉肚子了，連續上了幾次廁所之後，肚子痛的感覺依然沒有改善，反而好像有加重的趨勢。最後一次，已經全部都是水了，此時我才完全清醒過來，該不會是要生了吧！那些水，該不會就是傳說中的羊水？

可是一向愛漂亮的我，怎麼可能就這樣拖著狼狽的模樣上醫院呢？我用盡全身的力氣起身化妝打扮，一直到畫完最後一筆的時候，我才對我先生大喊：「我要生了，你快點起來。」本來還在睡夢中的先生，被我突如其來的這麼一叫給嚇醒，在搞清楚是怎麼一回事之後，嘴巴就一直沒停下來，在到醫院的路上，還是一直不斷的唸唸有詞說著：「都什麼時候了妳還有空就顧著化妳的妝，萬一妳和小孩怎麼樣了，那該怎麼辦？」只是我根本也沒時間理會他的話，肚子的疼痛讓我什麼也聽不進去。

就在往醫院的路上，我又想吐了。果然，正當我想要轉身找塑膠袋的同時，我就這樣直接吐在自己的身上，怎麼辦？當然是要回家換衣服啊，我都化好妝了，怎麼可以毀在衣服上。拗不過我，先生只好載我回家換衣服，只是我們都沒想到，就在換了衣服要再次出發前往醫院的時候，我又吐了。怎麼辦？我真的已經沒有多餘的力氣再撐下去了，只好就順著先生的意思，去醫院吧！

到了待產室，旁邊的孕婦一直不斷的哭天搶地大叫她有多痛，其實我也真的很痛，可是我的病床前還有婆婆跟母親在，我實在無法放肆的大叫啊！我心裡一直在想，這兩個觀眾到底是什麼時候才要走啊？不斷扯自己的頭髮是我轉

移陣痛的方法，當我照著這樣開始用力一次的時候，小孩果真就出來一半了，只是我天真的以為，一口氣就會生完了。當醫生告訴我：「很好！再來一次。」的時候，我差一點想拿東西丟他。因為真的很痛啊！

終於，洪亮的哭聲讓大家知道，小孩順利平安的出生了，當我看著她的時候，一、二、三、四肢健全！二十隻指頭齊全，數著、數著不知不覺就流下眼淚來，心裡想的是，這真的是我和先生的愛的結晶，那是一種新的生命的延續，那淚水不知道是因為感動，也或者是我真的太痛了才流下的吧！總之，這一刻開始，我的生命算是因為有了她的加入而更完整了，我親愛的寶貝！

有一個笑話是這樣說的：「有甲跟乙兩個人，在沙漠中迷了路，而更慘的是他們所攜帶的水也即將喝完，在渴死前甲對乙說：『我的水喝完了，你的水可以讓我喝一口嗎？』但乙卻不留情面的說：『不行！』甲在百般哀求之後，他發現乙始終無動於衷，便改口為『一滴！拜託，就一滴！』於是乙就倒了一滴水在甲的手中，乙心中想著：『只有一滴水，我就看你還能變出什麼把戲！』此時他看見甲很感恩的搓揉他自己的雙手，迅速的將潮濕的手塗抹在他自己的頭髮上，並告訴乙說：『我就快要死了，我希望我可以死的……很漂亮。』

~~我想這也是一種玩美態度吧！~~

劇變

蚊子也會變紫斑／

那是民國81年的夏天，當時我已經順利的產下了老大，是個女孩，也順利的渡過了那需要繁雜手續，否則就會留下後患的『做月子』時間。

老人家總是說，女人生孩子是大事，產後一個月，俗稱『月子』，一定要好好的調養身體，萬一沒有調理好，肯定會留下不少毛病。現在回想起來，不知道是不是我沒乖乖聽話，做稱職的『月子學生』呢？

月子結束的一個月後，我還沉溺在有女萬事足的幸福中。一邊帶小孩、一邊忙著新居裝修和髮廊工作，每天都很忙碌，但我一點也不覺得辛苦。不知道是不是上天嫉妒凡人過得太安逸舒服，一切看似完滿的日子，起了變化……。

有天，我發現手臂被蚊子咬了一口，心想：『天呀！這蚊子也太毒了吧！竟然黑青了一大塊』。但那只是一秒即逝的念頭罷了，幾天過後，漸漸的，瘀血越來越大，越變越深，甚至只要是衣服上有鬆緊帶的，通通都是一圈的瘀青。可是天真樂觀的我，還是在想『好可怕的蚊子』。我的先生知道了這樣的情況以後很擔心，儘管我覺得只是『小事』但是先生卻很堅持一定要去檢查，於是在他的陪同下去了附近的診所。對我來說，只要進了診所，似乎不管是誰，不管病因，千篇一律的規則都是抽血、等報告，所以我也不例外。幾天過去，瘀青並沒有因為抽了血檢查而退去，當然我也沒有因為瘀青未退而感到擔心。此時，診所傳來了噩耗，醫生竟然找不到我的血小板。

在一切的茫然之間，我們接受了醫生的建議，前往高雄長庚醫學院做更進

一步的檢查。不意外的，又是相同的流程；不同的是，醫生直接對我發出了『病危通知書』。我們沒有瓊瑤一般的情節，難過、抱頭痛哭，再來一段生離死別，當時我和先生心裡想的是『難道說大醫院的效率，好到都直接幫病患升等病情嗎？別開玩笑了吧！』

　　醫生說，這是『紫斑症』《備註》一般正常人的血小板含量是十萬到十五萬，而我的卻只有四千。起先的療程是必須自費接受血小板注射，但礙於當時的民風，捐贈並不是那麼踴躍的情況下，最好是能接受身邊的人捐贈注射。

　　一向報喜不報憂的我，迫於無奈只好對髮廊的同事下屬們發出公告。髮廊的工作壓力很大，在這樣忙碌壓力下，大多數的設計師，甚至助理都養成了抽煙的習慣，可是醫生交代了，捐血小板必須要一週內都沒有抽煙喝酒才可以。但幸運的是，好人可以有好報，同事們剛聽到這個消息都表示很驚訝，可是很快的，他們便開始調理自己的身體，戒煙酒，就只為了能夠捐給我乾淨健康的血小板。直到現在，想起這一段，我心裡的感受沒有別的，只有滿滿的感謝。

　　託了大家的福，我奇蹟的在四天後就出院回家了。為什麼說是奇蹟呢？是因為鄰居的親戚就是因為『紫斑症』過世的，再加上『紫斑症』的患者，只要受到一點點小傷，就很容易因為血小板不足，而無法凝血，最後因為失血過多而死亡，除此之外，它還有許多的併發症。後來才明白，那一紙病危通知，不是因為蚊子太毒；也不是因為醫院的效率太高；而是因為它真的是一種可怕、難纏的疾病。

　　出院的那一天，在媽媽的大力廣播下，家門口聚集了一群群的鄰居，台灣

人就是那麼可愛，好事壞事都喜歡大家約一約一起湊熱鬧，鄰居們之所以聚集來我家，就是收到消息我要出院了。當我精神奕奕的出現在家門口的時候，大家開心的越集越多人，彷彿是明星開演唱會一般的人潮，甚至還有人開心的為我鼓掌了呢！

如果說沒有心情低落，那是騙人的，但在這一刻，家人、朋友、甚至不認識的路人都為我加油、為我鼓掌打氣的時候，心裡裝滿的除了感謝還有感動，那是無法用言語形容的。

當時，我26歲。

但就如同我之前所說的，要是人太幸福、太高調，連上天也會嫉妒。出院後的隔一天，因為放心不下正在裝潢的新居，也想看著自己的夢想一步步被實踐，加上完美主義作祟，輕忽不得，也不顧大病初癒，就前往監工。就在監工的過程裡，意外發生了，一個大床板突然之間砸了下來，不偏不倚就將我整個人壓倒在地，左眼眼角硬生生的被砸了個皮開肉綻，可能是因為血小板輸入的量太多了，雖然很痛、皮也開了、也看到肉了，卻一滴血也沒有流出來，後來只好又進醫院縫了七針。直到今天，那道疤還停留在我的眼角，時時刻刻的提醒我要小心，更要把握當下每一刻的幸福，因為它稍縱即逝。

何謂紫斑症（purpura）？

紫斑症指的是紅血球從微血管滲漏出來造成皮膚或黏膜的出血症狀，紫斑可能很小像針點一樣稱為瘀點，或是較大片稱為瘀斑，因為是紫紅色故稱為紫斑。引起紫斑症的原因很多，最常見的是血小板減少所引起的。另外有凝集因子缺乏、血管壁脆弱（老年性紫斑，藥物性紫斑）及過敏引起的紫斑等。

血小板是什麼？功能為何？血小板正常值是多少？

血小板是人體血液中三種主要細胞之一，是血液中負責血液凝集及修補作用的血球，其大小約為2至4μ1，它和血液中的凝集因子合作，在血管受傷時，能及時的幫助止血。血小板的正常值男女生都一樣為150000至400000/μ1。

何謂血小板減少？

血小板減少的定義為在血液中的血小板低於正常值。它是引起不正常出血最常見的原因。血小板減少症在臨床上會有意義的情形為低於100,000/μ1。血小板若低於20000/μ1則可能會產生自發性的出血，即未受到傷害或撞擊亦會有出血之現象。血小板減少的症狀，會有牙齦出血不止、流鼻血、月經不止、身上有瘀斑、紫斑、胃腸道出血、血尿等，最嚴重之情形，甚至會造成腦出血、肺出血而致生命危險。

資料來源：http://www.kmuh.org.tw/www/kmcj/data/8611/3470.htm

唉呀！小心肝╱

就在紫斑症結束後，眼角縫了線的傷口也沒有大礙，但如果以為這一切就結束了，那就錯了。其實這一切只不過是冰山一角、暴風雨前的寧靜罷了。

就在我以為一切壞的都將要過去，好事都要降臨的時候，人生中的第二張病危通知就這樣無情的出現了。

還記得，那是在拆了線後的一個月……

『唉呀！我的胃好痛喔！』我一直這樣不停的喊著，有了前車之鑑，這次我和先生都格外謹慎，二話不說立刻前往醫院檢查，但吃了藥似乎就像吃了空氣一樣，對於我的胃痛，完全不起任何作用。病急亂投醫，一個星期下來也差不多是換了一個星期的醫生，大小醫院都去過了，沒有用就是沒有用，吃了藥就吐出來。但我不死心，總覺得吃了藥就是會好，不管是不是會吐，我就是一定要吃藥，這樣的模式不知道反覆上演了幾次，意志力終究是戰勝不了體力，正當我放棄和藥物搏鬥，準備結束這一回合去休息的時候，我卻一覺不醒，整個人陷入昏迷。不知道過了多久，當我再一次睜開眼睛的那一秒，看到的卻是陌生的景象，有那麼一瞬間，我真的覺得自己是不是已經死了，直到看到家人在病床邊擔心的臉孔，才將我從幻覺中拉回了現實裡。

當時，開口的第一句話是問『我怎麼了？』原來是『猛爆性肝炎』《備註》，不幸中的大幸這是非傳染性的。醫生說也許是我太操勞也可能是之前輸

血小板的副作用，導致肝指數異常。和先前的紫斑症不同的是，肝炎不但讓我突然消瘦、腹部腫脹、全身都變成黃色的，更難過的是全身就像是被撕裂一般的痛苦難受。

　　這段時間，我不只一次的在問自己，到底做錯了什麼？也或者是過去的一切都太過於安逸順遂，更讓我不服於現況，為什麼要受這些罪？人在脆弱的時候，很容易鑽牛角尖，也很容易自我否定，這些可怕的思緒就這樣，比病魔早一步佔領了我的心。記得過去曾經看過佛家的傳教書中，他們說地獄裡頭分有18層，每一層都有不同的酷刑，穿心、割舌、燙印……等，依罪惡的深淺去區分層級，萬惡之人必須下第18層地獄，永世不得超生，這樣看來，在第18層中應該是最最痛苦的極刑吧！可是在最後一層的地獄裡，卻什麼也沒有，被打入18層地獄的人，只是每天都要重複自己生前經歷過最痛苦的事六次。可以見得，那種心靈的折磨，遠遠超過任何生理上的痛楚。而那個階段的我，正同時在心理、生理兩者之間煎熬。

　　每天每天，重複著我一點都不想接受，卻不得不接受的檢查；每天每天，都要說服自己吃下，那些根本一點都不可口的必食品；每天每天，都要不斷的聽見，又有什麼人和我生一樣的病，但他走了。就這樣每天每天重複做一樣的事，一秒對我而言就好比十年一樣，又久又難熬，可是，不能這樣任性啊！為了愛我的家人，也為了還小的女兒，她還不懂得怎麼疼我，但我想疼疼她呀！我想當個稱職的媽媽、太太、好女兒，這成了我活下去的理由跟動力。但現實是，生病的無力，也讓一向厭惡蟑螂的我，因為看見他們難逃一死的模樣，心生憐憫。就像希望我自己能夠逃過這一劫一樣，我好希望牠能夠逃過這一劫，『可不可以讓我們都活下去』，這就是我當時的心靈寫照。

備註/

何謂猛爆性肝炎？

　　猛爆性肝炎又稱急性重症肝炎，發病初期症候與急性肝炎類似，但病情迅速變化，可在十天之內病情急速惡化，肝臟縮小、黃疸更嚴重、有出血傾向、流鼻血、皮下瘀血、血便及吐血等症狀並同時合併肝昏迷症狀。在台灣，B型肝炎是引起猛爆性肝炎的最大族群，其死亡率高達七成以上。

主要症狀

　　臨床上猛爆性肝衰竭呈現出肝細胞功能喪失症狀，包括有：　1. 起始症狀：如噁心、嘔吐、疲倦及迅速出現之黃疸等。　2. 腦病變：為猛爆性肝衰竭確定診斷要件，依嚴重度可分為四期：第一期有情緒、性格及睡眠型態改變。第二期病人發生嗜睡，意識混亂及撲頭（flapping tremor）等。第三期可見重度意識混亂，嗜睡但仍可喚醒。第四期為意識喪失，呈現昏迷狀態。　3. 腦水腫：會引發顱內高壓及大腦缺血，進而引起腦細胞死亡及小腦和腦幹疝脫。研究顯示腦水腫可見於百分之八十因猛爆性肝衰竭而死亡之病人，且為猛爆性肝衰竭最主要之致死原因。　4. 代謝異常：如低血糖（因葡萄糖合成降低）可能加重腦病變及腦傷害；低白蛋白血症（因合成降低）引起水腫及腹水等，凝血機能異常（因凝血因子合成降低）引起出血傾向，如胃腸道及顱內出血，及代謝性酸中毒（因乳酸堆積）引起心血管機能障礙等。　5. 感染：經研究猛爆性肝衰竭患者有百分之八十出現臨床感染情形，三分之一患者出現黴菌感染。容易發生感染的原因乃是免疫系統受到抑制，及臨床上必需之各種侵入性治療之結果。感染部位以呼吸道和泌尿道最常見，菌種則以金黃色葡萄球菌、鏈球菌及格蘭氏陰性桿菌最多。　6. 多器官衰竭：如心血管循環系統衰竭、腎衰竭及呼吸衰竭等，亦常是猛爆性肝衰竭重要而常見之併發症及致死原因。

資料來源：http://web2.tmu.edu.tw/b108091012/toppage12.htm

人間煉獄治療法/

　　會這麼下標題不是沒有原因的，之前提過，每天每天我都必須要強迫自己喝下那些根本一點都不可口，甚至是難以下嚥的健康食品和藥物。在所有不可口的食物裡，除了補充體力必喝蜆湯之外，在所有的食物跟藥品餵食之間，我會先喝下一種草藥，那是一種需要很大量的葉子，放進藥缽裡，不斷的敲，直到將它完全的搗碎，搗碎後的汁液，就是我必須喝下的健康食品，那味道很苦很澀、還有很濃厚的草藥味道。這是公公擔心我，若是不斷的把藥吃進去又吐出來會傷食道而找到的中醫療法，因為它對止吐有很大的療效。

　　所有的藥物裡，這一項對我來說那算是名列前茅的難吃，可是事實上它卻讓我又愛又恨。就像前面提到的，要讓它變成汁，必須不斷的敲打，一大把往往敲不到幾C.C，所以怎麼敲成汁？成了很困難的課題。由於一直不斷的敲打，手也一定很痠，可是為了我好，家人依舊是不辭辛勞的一次一次敲打著，在幾坪大的病房裡，那聲音不斷的迴響，就像是在唱著一首希望我能快點好起來、過得比他們好的歌一樣，在我聽來是很美好的，就像是天籟一般。我愛大家為我敲打這首樂章，卻恨它那種苦、澀、濃厚的怪味、代表著痛苦的味道。

　　但這不過是一個小偏方，生病的時候當然還是要聽醫生的話，乖乖接受治療。只是，當人在脆弱無助的時候，為了生存，哪怕是在深谷旁出現的一株小草，即將墜落到崖底的人，都會本能的用力抓住它，在這時候，它是不是能夠支持你的重量似乎不在考慮的範圍內了，你只知道，可以抓住的，都不能放手，只有這樣，才有生存的機會。除此之外，還有另一種草藥，每次都要燉很久，它非常的苦，大概是加了黃蓮之類的食物吧！可以清體內的毒素，只不過

它對我的作用實在太過激烈，像是要把我身體徹底撕裂再重新組合，重組後卻又再一次撕裂個粉碎，如此反反覆覆忽冷忽熱，冷的時候身體會像是寒流來襲般，不斷的打著寒顫；熱的時候又像是進了烤箱一般，不斷冒汗。這比去洗三溫暖還要精彩，因為我無法預測它下一秒到底是冷、是熱、是痛、還是刺。

當時，任何一個小細節，我們都不會放過，不過僅止於知識範圍內可以判斷是否合適的療法，太過天方夜譚的，當然不會被嚴格謹慎的家人所接受。我在想，他們是不是戴了什麼高科技眼鏡之類的東西，竟可以比任何精密的儀器都還要準確的檢查，枝微末節全不放過！每當看著大家為了我是不是該接受新的偏方或是哪種治療，爭得面紅耳赤的時候，我都會更顯無力，因為我連阻止他們不要爭吵的氣力都沒有，只能安靜的看著大家。但我知道，如果不是因為愛我，大家不會這麼做。何德何能，何其幸運，我擁有了那麼多的愛呀！

對於我們總是體貼的為對方著想這點，在之後的某一天裡，我的遺言也替我做了最好的證明。

惡作劇遺言/

　　這一天，我做完了最後一項檢查，也終於渡過了那生不如死的草藥三温暖之後，全身就像是癱了一樣，不知道為什麼，本來擁有的生存意志力，隨著一天又一天繁複的檢查治療、爭吵、傷心、感動、遺憾，一點一滴到了今天為止，像是一切都已消磨殆盡。

　　感覺真的好無力，這真的是一場難熬的戰爭，我就要輸給病魔了嗎？我不知道。此時心中只有浮現出可愛女兒的臉龐，她是那麼可愛，本來我可以抱著她讓她安穩的睡在我的懷裡，如今卻連摸摸她的小臉，都提不起一絲力氣。我是個不稱職的媽媽，「寶貝，妳可以原諒媽咪嗎？」如果妳可以聽到，如果我可以有機會這樣對妳說，妳可以原諒我的不負責任嗎？想到這裡，我幾乎要崩潰放棄了。

　　轉個頭，看著臉上也同樣顯著疲態的先生，我的眼淚再也止不住的放聲大哭。先生看著我，心裡滿是心疼，我們都有最壞的打算，但因為捨不得，一直以來我們都在逃避著這最壞的事，什麼都不敢說、不敢提。大哭過後，我握著先生的手對他說：「親愛的，我不知道我什麼時候能夠好起來，也不知道還有沒有機會能夠好起來，如果我就這樣走了……」我就自顧自的說起了遺言。「妳不要再這樣說！快點好起來就對了！」先生這樣對我說。但此時我真的覺得再也沒有多餘的力氣再耗下去了，堅持要把早就反覆在心裡演練過千百回的話一股腦兒的說完。「如果有一天我走了，我捨不得你一個人孤孤單單的，所以請你一定要好好照顧自己，也一定要再替女兒找個伴，人選我已經替你物色好了，公司裡頭有個「小姐，如果你要再娶，就請你娶她吧！」終於，我把想

劇變

說的話都給說完了。可是我先生看著我眼裡卻不是感動或不捨，而是充滿了疑惑，過了許久，他終於打破沉默的開口問道：「公司裡有八十幾位員工，為什麼妳就偏偏要我娶「小姐呢？」「因為她對公司很盡責，而且也很疼我們的女兒。」我雖然嘴巴上是這麼說，但心裡想的卻是「因為小姐胖胖的，也不是特別漂亮，所以她一定會很一心一意的照顧你跟我們的女兒。」只見先生無奈的搖一搖頭便說：「我看妳還是快點好起來吧！因為妳的安排我一點都不喜歡，可我又擔心如果不依妳的意思妳會不開心，所以最好的辦法是快快好起來吧！」當時的我就要放棄生存信念，但在那一瞬間，突然之間他們就又重新注入了我的心裡，就因為他的一句話，讓我加深了活下去的堅持力。

　　所以我總說，直到現在我最感謝的是親愛的家人一直都這麼疼我，即便是在我最低落的時候依舊是對我不離不棄，讓我知道我的存在有多麼重要。多年以後，我們想起了這一段往事，都會很慶幸這段遺言沒有成真，一方面是為了慶幸我撿回了一條命，另一方面是先生開心他不需要聽我的話娶一個胖小妞了。哈！還好這只是一個上天開的玩笑，一個惡作劇的笑話。

感動的愛/

　　這次，醫院成了我唯一的家，我甚至不敢想什麼時候才能再走出家門，雖然我好想活著。某天夜裡，我們聽到隔壁床的老夫婦在低語，老爺爺跟奶奶說：「美珠啊～！妳一定要趕快好起來！」只聽老奶奶像是用盡氣力，才吐出的耳語說道：「我們還有錢給我看醫生嗎？」老爺爺：「妳放心，我這裡還有一點黃金，明天我就會去想辦法，錢的事妳不用煩惱！」可是老奶奶還是一直不斷的重複相同的一句話，而老爺爺也很有耐心的不斷安慰奶奶別擔心。聽到這裡，我和先生早已熱淚盈眶。心裡的激動，讓我們幾乎是要抱在一起痛哭了，是什麼樣的力量才能讓他們夫妻這樣相互扶持直到老來伴，依舊不離不棄，人家都說「久病床前無孝子」，自己親生都不見得願意這樣陪伴，更何況只有一紙婚約約束，沒有血親的兩個人？除了愛，我想不到任何理由了。正當我們都在內心激昂的同時，護士進門來，對老爺爺說要買牛奶給奶奶灌食了，護士小姐離開以後，只聽見老奶奶又是不斷的開口問老爺爺：「我們還有錢嗎？」我和先生相互凝視，我們沒有言語，卻知道彼此心裡想著同樣一件事，我們很幸運，不需要為了錢煩惱，我還年輕，抵抗力比奶奶還要更好，我們有的就是青春、時間和金錢。這讓我們都興起了想幫助他們的念頭，我用眼神告訴先生，讓他上前去訊問老爺爺需不需要幫忙，只見老爺爺是激動的連忙道謝，但還是婉拒我們的好意，只是請我先生出門去請他兒子進來，他有事要交代。我們才知道原來他們還有兒子，而且就在門外。於是，先生便應允，走出病房去找老爺爺的兒子。只看見一個穿戴整齊的青年壯漢躺在門邊睡覺，他心想：「大概就是他吧！」便上前去喚了一聲，可是那位先生什麼也沒說，只是轉過身去，透露了一絲絲的不耐，但為了已答應了老爺爺的請求，只好又硬著頭皮叫醒他，只見他不悅的嘖了一聲，轉身走進病房，沒多久時間，他買了牛

奶回來，交給老先生以後就離開了，什麼也沒說。這一幕幕看在我們眼裡，真的不由得感慨。老奶奶大概也是明白了，所以跟老爺爺說：「老仔！如果我走了，你一定要自己好好照顧自己啊！」聽到這裡，我和先生早已流下不聽使喚的淚水，十幾年過去，直到今天，每當我與先生起了爭執，我們都會不約而同的想起那一個夜晚，想起老爺爺和奶奶。我們都期待著，有一天，我們可以在走到人生盡頭的時候依舊緊緊握著彼此的手，直到最後，像老爺爺跟奶奶一樣。

「**執**子之手，與子偕老」那早已斑白的頭髮、滄桑歷盡留下的皺紋、充滿愛意相互凝視的眼神，真是這世上最美的畫面了。

轉世仙女/

　　就這樣日子一天拖過一天，我的身體並沒有因為密集治療而有所好轉，但也沒有轉趨惡化，就一直這樣不上不下。在這種身體已經不受控制的情況下，不知道大家心裡會是怎麼想呢？是否也和我一樣，心都空了。真的！我的心都空了，沒有多餘的思緒留在我腦海裡，就只能這樣嗎？那就這樣吧！彷彿機器人一般的生活，想想倒也還是挺規律的，指令一下，吃藥喝水睡覺；聖旨一到，擦身打針換藥。不同於過去的是，場景換回了家中，護士變成了家人，大醫院變成了小診所。

　　為了更能夠貼身照顧我，家中大大小小、公婆、父母無不全體總動員了。說到這裡，大家或許會好奇，之前我所提到的員工跟朋友呢？大家不都也很關心我很疼我嗎？

　　是的，他們依舊很關心我，只是對於一個很重視形象的人而言，我沒有辦法接受大家看到我現在辛苦和病魔搏鬥的情況跟病容，當然也是不希望把負面情緒帶給大家，更重要也是最現實的是，我沒有力氣可以招呼大家了，所以這段時間，我幾乎是把自己跟外界隔離了，謝絕所有人的探訪。生活就除了定時定量的餵食外，就只剩家人四處求神問卜，只求我能夠快一點好起來，患難見真情大概就像這樣子吧！不管是直接或是間接祝福、幫助我的人，我都是很認真的放在心底了。原諒我這個時間的自閉吧！我只不過是想留下完美的記憶給大家。

　　回到前面說到的，在家中長輩努力求神的過程中，印象中只依稀記得，有好幾次通靈人士來家裡做法，也有好幾次是拿了籤詩回家來，大家都告訴我：「別擔心，妳會好起來，死不了的，因為妳是仙女，犯了錯要來凡間受苦的。苦難還沒結束，所以你的生命也不會結束。」

仙女?!嗯,你們沒看錯,我也沒聽錯,真的是仙女。

聽起來很荒誕,很天馬行空的想像,可是對於一個心早已被掏空,早已無所求的我來說,這莫不是一劑強心針。姑且不論它的真實性如何,至少它給了我一個念頭,我不會死,也不能死。這比什麼都重要不是嗎?所以我選擇相信,就像是那株懸崖上的小草一樣,哪怕它很不真實、很渺小,只要能夠讓我活下去,我都願意不顧一切的抓住它。

還記得其中一位讓我印象深刻的通靈者,他劈頭就是斬釘截鐵的說:「你是玉皇大帝的女兒,犯了錯來受苦的,妳要還的債還沒還完,不會讓妳死的,現在的苦,是為了之後當神職做準備,所以好了以後,妳要去當師姑。」

「太神奇了,我竟然是玉皇大帝的女兒。」當時心裡是這麼想的,只是我沒有想過會按著那位師父的話去做。現在想想,又或者我現在老師的身份也是另一種神職呢?以不同的方式替大家傳道授業解惑,你說是吧!

也因為這樣的一股信念,此後當我遇到困難、受到挫折的時候,我就會在心底告訴自己:「沒關係的,我可是仙女呀!這些都是玉皇大帝要考驗我的,熬一熬也就過了呀!」因此,不管什麼樣的不愉快就通通困擾不了我了。

那一年,我二十六歲,我已擁有婚姻也擁有一個小孩,有三家自己的美髮沙龍,八十多位員工,名下有一棟房子、兩部車,但同時我也擁有了一些我並不想要的。它們是兩張病危通知書、一個部分萎縮的肺、和脖子上的一條疤。我將帶著我擁有的這一切和經驗,向我的下一段人生邁進。

頑美計劃/

不要以為我給這段故事下錯了註解、打錯了字。沒有錯！它是『頑美』，一個既頑皮又頑固的完美計劃。

養病的日子裡，我揮別了過去的忙碌，真的就像仙女一樣，過著養尊處優的生活。日子過了二年、生活坐息正常了、飲食也正常了，就在一切都正常的情況下，發生了一件我們沒預料到會發生的事──我懷孕了。

若是沒有發生這一連串的事情，或許我不會那麼意外這個新生命的到來，但現在這樣的身體狀況，不只是我們擔心，就連擁有豐富專業知識的醫生，也開始對這個新生命的到來感到不安，對我來說究竟是喜還是愁，我也搞不清楚。

生過孩子的媽媽或許更能感同身受，那種天性使然，本能的愛著自己孩子的感受。就算聽了醫生的建議，我還是毫不猶豫的決定生下他，這一切都是因為母愛。

由於這樣的情形，我少了一般為人母的喜悅，更多的是戰戰兢兢。過程裡，我始終擔心不已，擔心的不是我健不健康，是我能不能夠讓肚子裡的孩子平安到來。

那一年的元宵恰巧碰到了西洋情人節，大家無不沉溺在節慶的歡樂氣氛裡，這時的我，早已渡過了懷孕的不穩定期，心情自然也受大家的歡樂感染。

我是個很容易神來一筆的人，總是搞得大家一頭霧水、難以理解，卻也奈何不了我。那天，不知道從哪裡來的靈感，原本妹妹的預產期是在2月15日，我卻想自己做主，決定要在2月14日情人節，也是農曆的元宵節生下她，而且我想要自然產。看到這裡，你們一定要說：「這怎麼可能！」是啊，怎麼可能剛剛好這麼巧，但我就是這樣決定了，而且不容改變。

還記得從做這個決定的當下，我就開始為了這一天做準備，每當有親朋好友來訪、慰問時，我總是說：「我要生了唷！就在2月14號，是自然產！」

日子一天一天接近了，就在情人節的前夕，我開始在家裡大掃除，是為了後面的月子期間，也為了小孩是否能夠順利在我的期待之下出生。因為家住大廈的13樓，所以我就一個人不斷的坐電梯到一樓，再走路到13樓，再坐電梯到一樓，而先生和大女兒就坐在7樓的樓梯間，像是野餐一般的，等我走到7樓的時候，當作我的休息站，反反覆覆的走了幾遍，我都累了，肚子卻依舊沒有動靜，但我一點都不擔心，因為到明天過完以前，一切都還在我的掌控之內。

隔天，2月14日，我滿心期待的日子。我忍不住跟肚子裡頭的妹妹喃喃的說道：「妹妹呀！媽媽幫妳挑的這一天真的是個好日子，妳等一下就要出來了唷！不要賴皮待在媽媽肚子裡太久嘿！」語畢，我就撥了通電話給母親，告訴她，我就要生了。電話那一頭傳來是母親擔心的聲音「妳開始陣痛了嗎？」母親急忙問道。「還沒呀！不過等一下就會了，我現在回娘家，等一下我們就一起去醫院生小孩。」我的語氣是那麼堅定，本來覺得我哪裡來的自信一定會在情人節自然產的母親，聽到我這麼說，都忍不住要相信我馬上就會生了。

掛上電話，我就一個人打包好行李，走路去娘家。一路上我還是不停的在勸導妹妹請她快出來，說服她今天是個多麼有意義的日子，正當我只差幾分鐘就到娘家的路口時，肚子開始有感覺了，大概是妹妹跟我也有默契，她聽懂了我說的話吧！就這樣在我們母女天衣無縫的合作下，一走到家門口，我們就直奔醫院生小孩去了。

　　在一片傻眼的聲浪中，我真的就這樣完美的把計劃實現了，這看起來很不可思議，但我一點也不覺得意外。因為這一天，我一直在準備，一直在努力，只為了完成夢想中那完美的誕生日。

我一直這樣相信著，只要多一點努力、多一份準備，沒有辦不到的事，你也可以自己決定你自己的人生旅途，下一站去哪裡遊樂。也許路上發生的事、遇見的人不是你所能控制的，但請你一定要這樣相信，你可以決定你要去的路。

銷售你的人生 _

第一場演講／

　　生病，讓我開始對人生觀有了很大改變，過去我總覺得，一天24小時，如果沒有把它充份的利用，那就太過浪費了。有付出才會有收穫，我總想要滿滿的收穫，所以更加努力的在耕耘我的每一分每一秒。這樣的態度是讓我得到了想要的，但卻也同時賠上了我的健康。

　　漸漸的，我慢慢學著放慢生活腳步，美髮沙龍依舊正常運作，日子還是一天一天在過。不同的是，心態和過去已經大大的不同了。這段時間，我不再像過去一樣，花很多時間跟體力在現場工作上，而轉向可以和我的技術專業知識結合，但卻不損耗我體力的幕後工作。

　　因緣際會下，朋友的極力推薦，讓我開始接觸了某家大型直銷公司。首先，我必須誠實的說，我可一點都不喜歡直銷這項工作，甚至可以說很排斥，因為在我的認知裡，直銷幾乎等於強迫說服別人買東西，是非自願性的消費交易。

　　可是拗不過朋友的熱情邀約，在考量對體力消耗還能夠承受的範圍內，便開始透過分享生病經驗及奮鬥艱熬的復元日子，參加了直銷公司的營養講座。

　　這和我個人的健康有非常大的關聯，透過講座，我學習了過去從來也沒有接收過的醫療資訊，和別人分享心路歷程，也讓我學會了面對困境，原來也可以是積極樂觀的，不怨天尤人。這世上不順遂的人遠比你想像中的還要多更多，懂得惜福知足，會讓你的生命過的更豐富精彩。

　　加入講座的幾個月後，公司透過介紹我的朋友來牽線，說是要舉辦一場大型的講座，約有上千名觀眾，希望我能夠分享我的經歷給大家。

　　天呀！雖然我自認有很好的技術，企業經營也有一定的經歷，但上台演講，還要一次面對那麼一大群人，這可是頭一遭。有那麼一秒腦袋裡頭是空白的，可是好勝心強加上不服輸的個性，讓我沒有多做思考便答應了朋友的要求。可是我從來也沒經驗呀！這該怎麼辦才好？雖然是說自己的故事，雖然我不是講座裡的主講者，雖然可能大家不見得都認識我，但這不代表我可以藉此讓自己草草帶過。

　　於是我開始了撰稿、寫稿、背稿，用最原始的方式來幫助訓練我的口條，過去我從來也不曾認真的看的新聞節目，我也開始仔細記錄主播說話時的速度，他能夠在一分鐘裡頭說幾個字，哪樣的語調才是舒服的？為了模仿的唯妙唯肖，我拿起了錄音機，把我的稿子讀過一遍後，再放給自己聽，哪裡說的不好就再調整，然後再讀一次就這樣不停的重覆這個動作，頓時，我彷彿回到過去的學生時代一樣，筆記不離身，隨時隨地都認真的在為我人生的演講處女秀做準備，因為我不容許自己失敗。

　　「機會是留給準備好的人」這話說的一點也不錯。當我站在講台上的那一秒，雖然真的很緊張，可是我知道我是準備好的。我這樣在心裡告訴自己，不是都已經練習過了嗎？早就滾瓜爛熟了不是嗎？那就不要怕，加油吧！

　　站上講台以後，我便開始滔滔不絕的說了15分鐘，這過程裡不乏驚呼聲、笑聲。雖然只不過是短短的15分鐘。

　　隨著他們進入我的故事中一起哭一起笑，讓原本因為台下上千人群的壓力，而緊張不已的我，忘了緊張、忘了擔心，大家專注聆聽的表情，就這樣在我眼裡構成了一幅很美很美的畫面，那是我的努力所換來的。真的，很美。

　　當結束的那一秒，響起的如雷掌聲，我知道，我做到了！成功的踏出了我人生中的另一段旅程，成功的為我自己開創了一條光明大道。

　　自此，各方邀約不斷，我也慢慢開始，從單純的分享故事到開始學習怎麼講學。把我學到的技術，結合過去所發生的經歷教授給大家。

直銷戰鬥營/

　　很多人談到直銷，十個大概會有九個半，都會感覺到那是一個一點都不穩定，也不是正當職業的職業。怎麼會有那半個呢？嗯～那是在媽媽肚子裡還沒出生的小寶貝，還沒法出來用力舉手投下反對那一票，所以就算他半個吧！

　　一開始我也是那九個半的其中一位，壓根就不覺得直銷有什麼好，可是就在幾次的演講經驗過後，我便投身了這一塊從來不曾觸碰的領域。

　　我不能夠說直銷有多好，這畢竟是見仁見智。但如果你要問我，直銷可以讓我賺進大筆財富嗎？否則我怎麼能說它有多好呢？沒錯，我無法很肯定並堅決的回答你「它可以賺好多好多錢」，那太過膚淺。

　　它對我的幫助不是眼前的財富，而是累積了我往後人生的財富。為什麼這麼說，是因為所有的物質、金錢，都是別人可以隨便從你身上拿走的，可是學習會是你一輩子的無形財富，誰也偷不走，而你自己，就是唯一能夠將無形變有形財富的人。

　　它累積了我哪些無形財富呢？除了邀約的演講之外，每天還有一堂接一堂不同的課程教育是我必須學習的。

　　每天我都要到教室裡上課，有烹飪、美容、健康……等等，除此之外還有口條訓練課程跟經驗分享課程。下了課，還會跟同學們一起討論，剛剛的分享故事感想，就像是看完了一部很賺人熱淚的電影，散場之後那情節都還是久久

不散，忍不住想跟所有看過電影的人大談特聊一樣，三不五時還有團隊所安排的三天兩夜團隊研習營。

這個階段的生活中，不單單只是我的生活人生觀有了很大的轉變，就連身邊的朋友都像全部重新換過，整個人是新的一樣。重新學習，學習新的知識、技術、新的朋友圈。會這樣說，是因為我身邊的朋友很不湊巧的，剛好是那九個半，哈。

看來很緊湊充實的生活，相較過去的日子，表面上看來似乎相去不遠，但實際上有很大的不同，那是一種在心靈層面態度的不同，過去我總是為了建立一個執行者公私分明的態度，而嚴肅武裝自己，如今，我變得圓融，過去顯少在人前所表露的情感，我學著適度的釋放。

這樣的改變看在過去的相處的工作伙伴眼裡，都說可愛多了。

我用學習、接受融合原有的、隱藏住的，透過在直銷的過程中，將無形財富一點一滴慢慢累積。雖然好像有做不完的瑣事，但心靈的充實滿足是過去那不斷付出體力的日子，所給予不了我的。

今天，我能夠站在台上，沒有緊張、沒有膽怯，把我想說的話清楚的傳達，很大的一部份，我必須歸功於直銷這項工作。說它改變了我的人生，一點也不為過，因為確是如此。

寶貝小跟班/

　　當時我正在為自己開創新的人生舞台，可是兩個女兒也都還未到學齡，很多朋友都會説，那麼忙怎麼不就找個保母帶小孩算了。

　　在實際面的考量下，保母是請了，菲傭也僱了，可是終究是屬於自己的一塊肉，再怎麼説，還是捨不得就這樣完完全全的將她們托付他人，何況我曾經有可能失去疼愛她們的機會。正因如此，孩子的成長一定不能讓她們在心中給媽媽的位置留白了，而我也渴望能夠參與她們成長的每一個過程，所以，哪怕是再忙也仍舊堅持要將她們帶在身邊。

　　當然一部份也是為了不讓同樣忙於事業的先生擔心，所以不論我去了哪，身旁永遠都是跟著兩個小女孩。

　　可能從小就跟著我出出入入，習慣了那樣的場合，小跟班們總是那麼的貼心，從來不哭也不鬧，演講時總是陪著我安靜的坐在一旁，直到結束。大家都會説：「妳的孩子怎麼那麼可愛、那麼乖呀！」而我也總是樂於沉溺在這樣的讚美裡，這讓我為有了她們而驕傲。因為相較於一般同齡孩子，她們顯得那樣乖巧聽話。

　　有時候，忙於工作也許會忽略了她們，而她們也從來不用我擔心的就自己在一旁玩耍。在那段時間裡，我們幾乎是連成一線的共同體，感覺沒有距離。一大兩小的畫面，就像卡通龍貓裡頭的大龍貓帶著小小龍貓的畫面一樣溫馨。

　　她們既是我的同學也是我的最佳聽眾，更會是我演講中的話題。這也成就了我們親暱的親子關係。到現在依然還是像小時候一樣，每天都會有一起聊不完的話題，有時候都覺得其實我們是朋友，不是母女。

誰說家庭和事業不能夠一兼二顧？只要有好的策略、方法，加上始終如一的堅持態度，你也可以是最稱職的職業主婦（夫）。記住，你的態度永遠會為你決定一切。

一百萬的代價／

　　其實當時的演講並沒有帶給我任何收入，因為所有演講，都不是屬於個人演說性質，純粹以分享為主，以達到直銷宣傳的目的，而我的表演也成了義務性的工作。不單是沒有演說酬勞，還必須要自行打理造型、食宿、車馬費用，甚至自費前往美國、香港及中國進行演說與學習，如此一來我成了名符其實的『進階版高級米蟲』，這跟一般米蟲不同的地方在於：米蟲好吃不工作，進階版的有工作但還是只能坐吃山空。

　　情勢比人強，在逼不得已的情況下，我只好解除了先前定存的一百萬。值不值得已經不是當時的我所要考慮的要點，就當是投資自己吧！我仍舊是抱著「投資自己是世界上最穩定的事業」這樣的信念。

　　這一切的行為看在家人的眼裡，都不禁為我擔心！我怎麼會那麼傻，一直在付出和投資，這一切可能都是空呀！當然不止是心疼那筆錢，我可是付出了那麼多的時間和精力。尤其是我先生，這段期間裡，他常常試著以局外人的角色跟我談這個問題，試圖要說服我多考慮一下。慶幸的是我們夫妻各自理財，少了一般人會有的財產問題，也許就因為這樣，他更能抽身來看我所做的一切，以更理性的角度為我分析。

　　其實他的考慮跟疑惑，我也曾經思考過，可是我想要做完美份內的事，這股力量戰勝了我所有的徬徨無助。這過程裡，我只知道努力，努力游著才會有上岸的可能，沒有再回頭的機會了，那麼就做到底吧！至少我是那麼認真過，這比什麼都還要重要。

　　所以我替自己設立了一個停損點，這一百萬就是最後的籌碼，而目標就是能夠透過直銷講課這樣的一個跳板，成功邁向專業講師這條路。

　　有了目標，就更堅定了信心，而先生也在幾次的討論裡，慢慢的改變了最初的看法。可能他終於相信——傻人有傻福，更何況我並不是真的那麼傻呀。如果說一個成功的人背後一定有一個偉大的人，那麼在我背後的那一位，一定就非他莫屬了。

這一切看似只單憑了這樣的一股傻勁，就奮不顧身的往前衝的行為，其實不全然是如此。真正聰明的人是表面上看來最傻、最默默付出的那個人，當你還在猶豫而裹足不前時，他早已超越了你，並且將你狠狠的甩在後頭。

閃亮的一顆星 _

Y2K危機變轉機／

　　世上的巧合和人生的轉彎就是那麼的奇妙，你永遠不會知道下一個驚喜會是什麼時候出現。就在籌碼即將耗盡，我也開始思索下一步該怎麼走的時候，一個新的邀約機會來臨了。

　　在我演説了那麼多場次及造型秀之後，第一場有實際收入的發表會，由西苓國際公司主辦。也因為這個發表秀，成就了之後十多年的講師工作，感謝這一段經歷，也因此正式開啟了我的講師之路。對於先前我給自己設立的目標，算是透過這次發表踏上成功的康莊大道。

　　西元1999年最火紅的話題，莫過於千禧年的到來了。所以這場發表會的主題，我們就將它命名為『Y2K超世紀整體造型震撼秀』。

　　因為是我的第一次商業演出，我所開設的美髮沙龍的員工們也幾乎是全體總動員。長相甜美、身材姣好的就擔任模特兒角色，其它人就幫忙後台工作，大家各司其職，讓我完全無後顧之憂的在進行其它的彩排訓練、主持對稿、節目流程安排及企劃等。不單只是美髮沙龍員工們的總動員而已，各方好友和直銷所累積的人脈，無不在我的受邀名單中，大家都是抱著最高的期待在看這一次的表演，所以，絕對不容有失。一次又一次的排演訓練，只為了當天可以更加熟悉並順利演出。

　　節目內容其中有一個段落，是開場舞的獨秀表演，隨著磅礡的音樂，再搭上奔放的舞蹈表演，引領觀眾一同進入這個豐富的視覺饗宴。為了讓沒有受過

基礎訓練的模特兒能夠順利演出,事前密集排練,難免的跌倒,也幾乎讓模特兒的腳成了紅豆冰。

終於要開始了!隨著模特兒出場、隨著音樂一起舞動,同時失誤發生了,原先應該是氣勢磅礡的萬獸之王要出場,卻因為DJ將音樂放錯了,結果當場變成樹林間的小鳥在鳴叫,這該怎麼辦才好?在場知情的人都傻了眼,當然包含我在內,只見模特兒仍舊敬業的在舞著,觀眾聚精會神的在觀賞。

好險與我搭檔的主持人反應夠快,在我們還被凍結在剛剛的錯誤中時,他早一步先搶了大家的話,劈頭就說:「各位觀眾,剛剛的模特兒表演還精彩嗎?沒錯,剛剛的音樂只是我們開的一個小玩笑,是不是都讓大家回味無窮意猶未盡呀?現在我們才是要讓各位見識一下什麼叫萬獸之王,讓我們一起再一次的歡迎我們美麗的模特兒吧!」

天啊!這真的是太讓我吃驚了,在我和觀眾一同見識到什麼才是真正的萬獸之王以前,主持人倒先讓我見識到了什麼才是真正的反應敏捷、隨機應變。幸好他的反應夠快也應對的很好,就算是觀眾都發現了我們的錯誤,也因為他的危機處理得宜,讓整場發表秀不致留下一個遺憾,至少他讓大家可能原先並沒有特別期待的萬獸之王表演,霎時間變得萬眾矚目。原來危機也可能是一個轉機,改變你原有的方式及態度,那麼一切都有可能會不一樣。

在這一次的發表秀裡,我還首度嘗試了將玻璃魚缸放到頭頂上,為了這個的創舉,大家一同費盡心思黏上熱熔膠,果然舞台效果十足!可是下了舞台以後,讓大家都為了它頭痛很久,光是想辦法拆那些膠,就花了大家三四小時的

時間呢！雖然辛苦，可是我相信有經歷這樣過程的每一個人，都是一輩子難忘的。

當時現場也來了很多電視媒體，只是我們誰也沒想到，更也沒來的及將一切給紀錄下來，直到後來的幾天裡，一直不斷接到親朋好友的關心電話，才知道原來那天大家都在新聞的片尾看到我們了。

如果你要問我是不是很開心呢？是的，算是驚險成功了一場秀，當然開心啦！不過對於上鏡頭這回事倒是沒有特別的興奮，也許是我還不明白鎂光燈的生活是怎麼一回事吧！不過，很奇妙倒是真的。一直過得沒沒無聞的我，沒想到卻在這一夕之間突然被大家都看見了。

備註/

【Y2K】

「Y2K」也就是西元 2000 年的意思。是由電腦年時序問題所引起。

Y2K為「公元2000年電腦時序錯亂危機」的略稱（電腦人慣以K代替1000）。

假設1999年1月4日那天，你到銀行存入一年期的定存，一年後要領回本息時，銀行的電腦卻顯示定存未到期，並且拒絕支付利息。別懷疑，你遇上Y2K了！早期的電腦程式為了節省記憶空間，日期裡的年份從俗只用兩位數，例如：1999年1月4日在資料檔裡就記為99-01-04。一年之後的同一天，電腦裡的日期將變成00-01-04。對人來講，這不是問題，不至於把00-01-04當成1900年1月4日（當時電腦還沒發明哪！）。可是電腦程式只會拿年份的00來減99，得出你的存款期間為-99年，-99小於1，所以你的定存未到期，而且「本金×利率×存款期間」得出負數的利息，恐怕你想解約還得賠銀行利息哪！

值回票價/

在講課的過程中，不乏有許許多多的美髮同業和廠商會到現場聆聽，目的大概就像是星探在發掘新星吧！

先前提起過，美髮產業裡，缺乏的是一個同時擁有技術及口語傳播的人才，透過這樣的造型秀，我從直銷的演講者，又繞了一圈回到了最初我的本業──美髮。而正巧的是：我具備了美髮產業裡最欠缺的人才要點。

「一加一不只是大於一而已，它還可以是無限大！」對我而言，真是句再適合不過的話了。過去所擁有的技術，加上後來的講授能力，成就了現在身為專業美髮指導者的我。

準備好了嗎？機會無時無刻等著你來抓緊它。在一次的發表秀結束後，我得到了一個新的機會，一個大好的機會，那是我生命中的另一個轉捩點。

那是一間知名的美髮學院，當該公司總經理看完我的造型秀之後，總經理對我有很大的興趣，在慎重的考量過後，決定要邀請我來為公司裡即將推出的新產品設計一套發表秀並講課。酬勞數目不大，但在我心裡，這是一項新的挑戰，只要成功了，那麼賺到的不僅止於眼前的金錢利益而已，還有更珍貴的經驗，我一直是這麼相信的。

記住，當下得到多少金錢並不是最重要的，重要的是，盡一切力量把它做到最完美的心理。

　　在答應接下工作的同時，便開始自行找了十幾位模特兒以及開始設計課程。直到結束了整個課程內容的規劃，早已無法估計那投資金額有多少了。唯一可以確定的是，它超越了那筆酬金。

　　值得嗎？如果所有的事情都必須先考慮到底值不值得，而不願放手一搏給自己一個完成它的機會，又怎麼有機會踏上成功？嗯——就算只有那麼一次吧，讓他們值回票價就是我最首要做的事。

　　在總經理看完我那場表演之後，最讓我驚喜的是：我所得到的酬金是最初所敲定的金額的兩倍之多；而最令我意外的是：我們有了往後長達十多年的合作機會。

　　雖然我說要放手一搏，但還是免不了要評估一下。而所謂的「評估」，並不是單純指個人所得到的金錢利益而已，更重要的是要有前瞻性、未來性。

最好的行銷就是超出顧客的預期！！

如果我是千里馬/

如果我是千里馬，那您一定是那伯樂。
　　　　━━━━ 致　昇宏集團總裁及總經理

　　如果我是千里馬，那麼這對夫婦，當仁不讓的就是我生命中的伯樂，就在前面提及過的「Y2K發表會」中，讓我們結下了這個緣份。

　　在談到我們的緣分之前，我想先替大家介紹一下關於「昇宏」的品牌故事。在80年代，總裁當時，靠著第一支產品由業務工作白手起家。他們從本土品牌開始，歷練了二十多年以後，直至今日，昇宏集團是全台灣美髮產業外銷國際的第一名品牌，產品行銷世界約四十多個國家，昇宏為國際知名的美髮沙龍專業級髮品生產及行銷之企業，發展多品牌行銷策略，並成功打入美國好萊塢級國際影劇時尚圈，品牌及市場發展不斷成長擴大。在台灣、大陸、美國皆有成立公司和工廠，也是美國標榜美髮學院在台總代理，接續的經營了連鎖髮廊，除此之外又在民國97年成立昇花科技有限公司等相關品牌。

　　那天在發表會結束過後，總經理便透過管道與我聯繫表示有意願想合作。所以說「緣分」這種東西很奇妙，想遇到一個能夠懂得欣賞妳，也看得懂你的伯樂，實在是可遇不可求呀！幸運的我遇上了伯樂，也因為有他們夫妻，才成就了今天的我。

　　會這麼說不是沒有原因的。當我才開始接觸昇宏的時候，當時我不過是一位極小而不起眼的講師，可是總裁總是很信任我的才能，很放心的把任務交給

我處理，讓我可以恣意的在範圍內大顯身手。

在昇宏公司的這段時間內，我由兼任講師一路升遷到了教育總監一職，後來更擔任了美國標榜學院在台分院的執行長。十年的合作機會，他們給予我的已不只是一份好的工作舞台、好的職場關係，更讓我們彼此進一步昇華情誼成為好友，互相鼓勵、互相打氣，更重要的是力挺彼此。如今雖然離開了昇宏集團，但由於這份知遇之恩，所以我仍擔任教育及行銷管理顧問一職，偶爾也會應邀約，進行演講的活動。這一切除了我自己的努力外，若不是總裁夫婦的一路提拔，或許我需要花更多的時間才能夠走到這一步，也或者人生會譜出另一首命運交響曲。

關於這個生命中的貴人呢，我除了有數不清的事件可以感謝以外，還有道不完的小故事想要分享，畢竟十年並不算一段短的時間。簡單來說，總裁是一位外冷內熱的人，在公事上為了建立一個公司重大決策者身份，不得不塑造一個威嚴的形象，但其實他是很好相處的，而總經理也就是總裁夫人，則是一位感性柔軟的女人，她總是不經意的就會流露出對丈夫的崇拜，當總裁在做決策的同時，也就是她最崇拜的時刻，總會將總裁所有說的話抄寫紀錄下來，因為那對她而言是非常重要的金玉良言。

不要以為我誇張了，在一次的聚餐裡頭，我是確確實實的看到了這一幕「金玉良言抄寫實錄」，在餐廳用餐，沒有紙的情況下，沒想到總經理還跟服務生先拿了筆，等不及拿到紙，就用桌上的餐巾紙抄了起來，而總裁雖然仍然繼續訴說他的理念，但偶爾還是會停下來等等總經理，等她抄完再講下一段，多麼可愛的一對夫妻！你說是吧？

　　記得總經理常常跟我說：「家，不是一個講理的地方。」也可能是因為這一份信念，她有自己的一套跟家人相處的哲學。辦公室戀情都困難經營了，又何況是一個辦公室婚姻。總裁夫婦的相處，著實讓我在工作之餘學習到了另一種方式的夫妻相處之道：一點耐心加上一點崇拜就是我在他們夫妻身上看到的最佳潤滑劑。

　　一位是決策者，剛毅、果斷；一位則是執行者，身段柔軟、處理細節。如此的相輔相乘之下，成就了完美事業與家庭。他們同時也是位虔誠的信仰者，即使商場上是那麼的競爭，他們還是保有那和藹善良的心靈。

　　由於總裁夫婦的信仰，在總公司跟工廠裡頭都擁有佔地幾百坪的佛堂。吃素這個習慣連帶的影響了公司上下的所有人，吃素已經是公司裡不成文的規定跟默契，每當有聚餐或是點心時間，大家總是自動自發的吃素，就連尾牙時候也是。

　　由此可見一個成功的企業者，不只是要擁有很有條理的執行力，更重要的是如何去建立屬於自己的人脈網絡，讓公司向心力十足。

　　他們的成功不是一時的，善良的人總會有好的回報。我感謝賦予我今天成就以及社會地位的這對夫妻，感謝他們對我的知遇之恩。所以對於他們的付出，於公於私，我都沒有藉口跟理由讓自己鬆懈，因為我所能回報他們這份恩情的方式，便是用我最專業的能力，幫助公司向上提昇。因此，總經理還給我起了個稱號——「昇宏銷售女王」，時至今日這個封號還真是無人能及。所以總經理常說：「其實妳說我們是妳的貴人，倒不如說我們互為貴人吧！」

你能說你永遠只能是平凡馬而不是千里馬嗎？你擁有一身的好才華卻苦無大展拳腳的所在嗎？如果你不能和我一樣幸運的遇見你的伯樂，那麼轉個心念，去發掘屬於你的千里馬，找尋你生命中互為貴人的那個人吧！主動出擊的人永遠可以先擁有成功的那張門票！

臨店教育/

　　剛開始和昇宏公司合作時，我並不是正式的員工之一，只單純以講師身份協助公司至各個美髮沙龍介紹產品，並且教育美髮沙龍的職員產品正確的使用流程以及使用方法。至此，算是我講師這條路的開端。

　　我所接觸的對象，不再只是一開始的座談會聽眾，更不是造型秀的觀眾，在這段期間裡，我第一次有了學生。粗略將我的學生歸類成為兩個區塊來說，他們一部份是美髮沙龍的職員，另一部份則是美髮沙龍的老闆。前者是該店已經有使用公司的產品為前提，我需要指導員工了解商品和正確的使用程序，以增加員工對於銷售產品的口條及業績，後者則是該店尚未使用過公司的產品。而我的工作內容就是「商品教育」，我們稱這種到親自到美髮沙龍教導的課程為「臨店教育」。臨店教育對象不只是員工，更主要是針對美髮沙龍的負責人。我必須是站在負責人的角度去說明，說明公司所具備的專業度及產品能夠帶來的實際效益為何。

　　因為關係到美髮沙龍的工作時間（大部份的經營者是不會希望佔用了營業時間來做教育課程），所以我的工作就必須配合各個美髮沙龍的營業時間，不是上市前就是休市後，這大約是早上八點以前或是要等到晚上九點以後。

　　在那樣的時間點裡，想當然爾，大家的精神狀態都不是很好。還記得有一天晚上，我去到一間很具知名度的美髮造型沙龍。可想而知的，當我準時抵達的時候，所有的設計師都還處於非常忙碌的狀態，所以我只好就坐在一旁等待。時間一分一秒的過去，一小時之後終於有一位空下來的設計師了，但我等

了半小時，第二位設計師也完成工作可以來聽演說了，可是經過這半小時的等待，第一位到的設計師也已經睡著了。就這樣反反覆覆的，等到所有人到齊，我可以開始演講的時候，已經是距離我到現場的兩個小時過後了。

因為時間的關係，我不得不將原先所準備的內容以加快的速度完成，再加上時間已晚了，大家也都很累，所以通常聽眾一半是睡著，一半在神遊，根本也沒有人會仔細認真的聽，這對於一個演說者而言，是非常挫折的，我也不例外。還有另一個時段是早上開店營業前的教育時間，早起頭腦就會比較清醒嗎？並沒有。也就是說，不論是前者或後者，我都經常必須讓自己處在一個最令人挫敗的環境下，還得強迫自己要以最專業的態度，去面對只剩軀殼的聽眾。

也因為這樣，讓我開始會檢討自己，是不是哪裡說的還不夠仔細，又或者是太過仔細而令人乏味？漸漸的，在演說過程裡，我會加上一些笑話以助提振精神。這個階段的我，大概是人生至此為止最幽默的一個階段了吧！

雖然很挫折，不過也幸好我經歷過了這樣的一個階段，讓我更懂得如何在面對不同的學生去做不同的互動，並加以調整自己的演說內容。隨機應變和臨場反應比起以往都還要更敏銳。如何做到最完美的反應？首要就是懂得如何察言觀色。這是過去的演講經驗裡，我可能忽略的地方。

誰說挫折不能是一件好事呢？沒有人是永遠不會遇到挫折的呀！如何在失敗裡頭記取教訓，給自己再多一點勇氣，跌倒了就爬起來，勇敢的往前進，那麼成功便不會是遙不可及。

證明技術，「照」亮前程/

　　做中學，學中做。既然已經是一般的講師身份了，下一個階段便是朝著成為更頂尖的講師邁進。人生是需要持續不斷的為自己設立新目標，才有機會求進步的，這麼說來是否就該對於技術的部份，做些資格證明？這樣一來，不論是對於自己的自我肯定或將來的教學都好，也才能更進一步的朝預計的下個階段邁進。

　　在台灣，資格證明的辦法，不外乎就是考技術證照。很奇妙也很有趣的是，這樣的制度公平到，不管你投入職場有多久，技術跟考試永遠不會是劃上等號，也就是說：老鳥不一定就會考試，考得過的也不一定是老鳥。所以，針對考試，有大部份的技術必須重新做練習。

　　為了給自己也給未來的我的學生們一個交代，考證照是勢在必行。因此我報名參加了考照訓練班，它是專門培訓考照人才的補習班，所有考試細節跟重點，都會透過補習班來教授，為期十二週。但當時的我身兼數職，又是講師又是美髮沙龍老闆，另一方面還要照顧家庭等，十二週的課程，前前後後我也只能夠上三堂，這可怎麼辦才好？只剩下一週就要考試了，我沒有比別人多的時間可以浪費，也沒有退縮重來一次的理由，因為我不允許自己失敗。我所能做的只有把握住所有的時間，不浪費每一分每一秒，補足我所缺乏的部份。

　　只剩一個星期就要考術科了，這也是證照大戰的最後一役。可就在此時我必須因公前往美國，但就算是這樣，我也不想在最後關頭前丟白旗，所以我將所有的美髮工具全帶進了隨身行李，打算即使出了國，也不能讓練習時間有所

關切，還好當時還沒發生911事件，否則我大概證照也不用考就直接被當恐怖份子了吧！

　　一直到了考試的前兩天，我告訴自己：這是最後的黃金時間了，我不能把時差當藉口，我應該要加緊把握所有練習時間。「我不能氣餒，就差一步了！」當時心中就只有這麼樣一個念頭，反覆的練習，我幾乎就快廢寢忘食了，連家人睡了一覺起床，都還是看到我在做著昨晚他們就寢前的工作，還以為是卡在那個階段無法突破，但其實我早已經重覆練習了很多次一樣的動作。

　　終於到了考試的這天，雖然知道自己已經做好萬全的準備，但還是免不了緊張與擔心，害怕自己有個小疏忽就會功虧一簣，還好結果證明了我的付出是值得的，勤奮練習的人總是會有好結果。

　　不過這場考試途中發生了一個小插曲。當監考老師抽出今天的題目以後，大家無不立刻抓緊時間下刀修剪，我也不例外，只不過在修剪的過程中，一直不斷從餘光看到朋友在跟我擠眉弄眼，心裡很納悶，她到底是在做什麼？直到考試結束了，她才緊張的跑來告訴我：「妳完蛋了，妳聽錯題目了，是要剪高層次不是低層次啦！」這真的是一個晴天霹靂的消息，我聽錯了？我就要因為這樣的一個小疏忽而前功盡棄了嗎？這樣的疑惑一直到成績單寄出才解開，還好，事實證明了我的答案是對的。只是可憐了那位好心的朋友，她可要等明年再接再勵囉！

　　幾年後，我用乙級證照專業技師身份，選修大學共同科目學分之方式，取得專科學校畢業程度同等學歷，畢業於大葉大學。

所以，勤能補拙，把握所有的瑣碎時間珍惜利用。沒有一條成功的道路是平坦無風浪的，就靠你怎麼去開拓了。

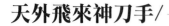

天外飛來神刀手/

　　如上述提及的，除了證照是政府所給予的專業能力證明之外，時尚流行這個行業，是需要不斷推陳出新、更新資訊的，多做學習補充新知也因此成了必修的課題。

　　那時的日本流行著一種刀法──稱為「飛剪」。在這樣的前提下，加上哈日風潮的帶動，為了讓自己可以搭上這股流行趨勢，我開始學習這項技藝。當時授課老師說：「學習之初，一個月內每天至少要剪掉一顆假人頭才行，也就是說至少三十顆假人頭。」可能我的思考模式和大家有所不同吧！我總是認為，如果要求是一百分，就必須要有兩百分的準備，這樣才能夠有自信的表現一百分。所以當老師要求我們必須要每天剪一顆頭的時候，我就決定了一次要買一百顆假人頭而且一定要在一個月內剪完它。

　　不管是做任何事情，只要下定決心就要努力的去實踐它，我果真搬了兩大箱的假人頭回家，而家中的陽台前也無時無刻都立好腳架跟人頭，擺好了工具，只要我一空下來，就立刻練習，完成一件作品後，我就在上面標上日期，這是告訴自己今天已達成進度也是為了記錄自己的進步。

　　只是這真不是容易學的一項技術！即便是對於我，一個在職場上已經有過多年實際經驗的老手而言，還是困難的。有多困難？看看我手上密密麻麻的傷疤就可以知道了。在一次練習中，我更是直接把食指上的一塊肉給削掉，血流如注，害我當場痛的大聲尖叫。家裡的傭人被我從廚房裡嚇得跑出來看，不看還好，一看可把她給嚇慘了！沒想到時常要在廚房裡拿刀子對各式菜餚動手動

腳的外傭，竟然比我搶先一步的大哭起來，本來應該是我覺得很痛想要哭的，沒想到倒成了我在安慰別人，現在想想，那個畫面還挺奇妙的。

接下來整整一個月的時間裡，我的食指都裹著紗布，腫到幾乎動彈不得，還在我的指頭上留下了一個辛勤練習的證明印記。傷口會隨著時間而痊癒，但直到現在，它仍舊在我的手上清晰可見，無時無刻都在提醒我，不要忘了當初是怎麼努力，怎麼堅持才學會這項技術的。

後來，我也開了很多關於飛剪的美髮課程，而參與學習的學生們也時常發生剪到手的狀況。根據我的觀察發現，受傷的往往不是生澀的初學者，初學者們因為知道自己「不會」反而更小心，注意每一個細節動作。而剪到手的大部分是那些早就上手的同學，可能是知道自己已經學會了，所以沒有特別留心，也有可能是因為急於突破、求好心切，不斷加快速度才剪到手。我們都曾經剪到自己的手，但我們也都明白，如果想要成功，受一點小傷絕對是必要的。

結束了剛剛的小插曲。是的！幾經練習下，我果然將飛剪練習得爐火純青，這項技能在未來不只是讓我在實務上有所發揮，待場景換成了發表秀的舞台，它就成了輔助我成為焦點的最強工具，也因為它，讓我屢次在國內外媒體曝光亮相。

世上永遠沒有白吃的午餐，要有所得必先有所栽。想成功的人，不能只是好高騖遠的想著一步登天，想想！要登天都那麼難了，怎可能只靠一步呢？！

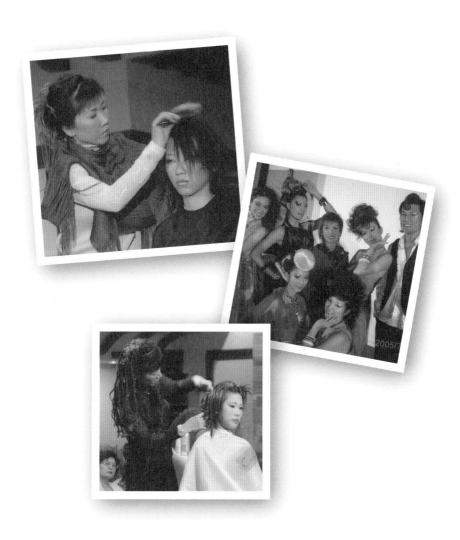

招兵買馬／

經過一年的臨店講師階段以後，在全台各地開始有研習會跟課程的邀約。這個階段，我也開始幫昇宏公司做儲備講師的訓練。

部份儲備講師在訓練初期，會跟著我的行程學習，就像當初我走的路一樣，不分南北的奔波，透過這樣的臨場實習，大部份的人都能夠很快的進入狀況。這是一種記錄式的學習方法。可以從旁觀察我是如何在準備前置工作、舞台表演，這樣的合作方式很特別，對於他們而言，可以跟著我看到實際面，了解所有可能在現場會有的突發狀況，這是最快的學習模式；對於我而言，每次一到了演說的現場，我就像母雞帶小雞一樣，身後總是跟著一群人，感覺就是人多勢眾，整個氣勢就是不一樣，這也有助於提昇陣容。

在這樣的學習方式下，我們是互惠互利的。到後期，人數從原本屈指可數直到後來的數十人，還有人索性就幫我成立了一個家族，就叫Nancy家族。也因為這個家族，讓原先很單純的師徒關係有了微妙的變化，讓我們反而更像是一家人一樣的相互扶持照顧，這是別人不會了解的革命情感。

看著他們每一個人，就彷彿看見了我自己曾經走過的路，我比任何人都清楚，他們只要持之以恆，一定就是下一個閃閃發亮的明日之星。

一般來說，約半年時間就可以開始擔任臨店講師的職務，兩到三年之間就可以勝任獨當一面的講師資格，可以自行主控一個發表會的人就更少了。可是讓我感到欣慰的是，這群學生，幾乎都是讓我替他們感到驕傲的。在當時，他

們有一部份是投入職場多年的美髮設計師，有來頭不小的大老闆也有完全沒接觸過美髮的門外漢。如今，雖然有些人已不再眷戀這個舞台另覓出口去了，但多數的人若不是早成了獨當一面的講師四處演講，就是將美髮沙龍越做越大，從一間小沙龍到現在是連鎖店的經營者也大有人在，也有一部份和我相同，目前在校任教職。

其中有幾位學生讓我印象深刻

Elle

記得當時她還懷有約五個多月的身孕。有一回的巡迴發表秀是必須一整個星期都在全台各地進行的，也就是說我們必須一星期在外奔波外宿。如此一來，那麼她勢必要放下家人挺著大肚子跟著我跑行程。一開始的幾天我並不知道，原來她先生，一路跟著我們跑行程，車子就跟在我們的遊覽車後頭，晚上時就睡在車子上隔天再繼續。直到第三天，她才正式介紹了她的先生讓我認識，我也才知道了這樣的情況。原來，家人的無條件支持是可以到這種程度的，著實讓我佩服！在這樣的感動下，我決定要自掏腰包再開一間房讓他們夫婦同房，總不能再讓她先生睡車上了，可是基於尊師重道，她怎麼說都不願意接受，最後妥協是我們幾個女生擠同一張床，另一張就留給她們夫婦了。

所以她的成功絕對不是偶然，更何況她有一個那麼支持且瘋狂的背後推手呢！也因為是這樣積極負責的態度，所以後來幾年我都讓她做「控場」的工作。這項工作是必須要控制整個場次的流暢程度以及後台的秩序維持，所以必須是有責任感的人才行，幸好她不曾讓我失望過。目前，她是美髮沙龍老闆也

是美髮證照班的授課老師，在她身上我見識到了什麼是最強而有力的支持跟後盾。

Mina

　　另一位也就是目前在昇宏公司擔任我過去職位的學生，由於她的臨場反應跟膽量都是數一數二的，只是在技術的部份可能不比其他學生突出，所以我決定訓練她做主持人的角色。果不其然的，她的台風遠比我想像中的還要穩健。只不過，剛開始的訓練壓力很大，據當事人表示，第一回準備講稿時，背了一整晚稿子好不容易熬到隔天就要上場了，沒想到要出門時找不到鞋子穿了，怎麼找都找不到，一度以為是不是家裡遭小偷了，而且只偷那雙鞋，最後只好穿了別雙鞋子出門。回家後壓力卸下，準備去冰箱找點東西吃的時候，這才發現，原來鞋子被冰到冰箱裡頭去了。原來誇張荒唐的事情不是只有醉漢才做的出來，當你太過專心執著一件事情的時候也會呢！

Jack

　　Jack的髮廊是他自己蓋的。所謂的自己蓋是從房子開始，蓋這棟房子花了他兩年的心血，他利用下班的時間，一磚一瓦，店內裝潢，全部都是他的收藏，營業台、燈具、剪刀、燙具都是他收集的年代久遠之美髮文物。他為他的髮廊取名為「美髮博物館」而我也認為它值得，在時尚這個行業裡，絕大多數的人都是追求新的事物、新的美感，但是Jack卻反過來追求具歷史性的、有文化的，他擁有很棒的藝術家特質，不只追求實踐技術和賺錢，他也充分的實踐理想。

小龍

　　我有一個在大陸的學生，多年後，他來台灣找我，在和他的談話敘舊中，聽到了一件令我十分驚喜佩服的事。小龍告訴我說：「他在沙宣美髮學院裡，洗了七個半月的頭。」或許乍聽之下並沒甚麼，但這是發生在這樣的前提下——他不僅早已從事美髮工作二十年，是三家大型美容美髮沙龍的老闆，旗下的員工近兩百人，甚至還是中國美容美髮協會的副秘書長呢！他的學習態度讓我深深感動，是甚麼樣的觀念讓他可以淨空所有的頭銜與身分？是什麼樣的勇氣讓他可以忍受世俗的眼光？就像有一段話說的：「當我覺得自己什麼都懂時，學校頒給我學士學位；當我覺得自己一知半解時，學校頒給我碩士學位；當我發現自己竟是如此孤陋寡聞的時候，學校頒給了我博士學位。」小龍也告訴我：「其實現在學的越多見識的越多，反而越能發現自己的不足。」他是我感到最驕傲的學生之一。

　　他們的成功不是偶然，但有一個共同的特點，是他們都欣然接受每一個挑戰、而且自己去尋找挑戰。一個好的指導者應該是要清楚如何因材施教，而他們讓我印象深刻的是，對於我替他們所做的安排以及新的挑戰，他們總是很快樂的接受，哪怕是從來沒有接觸過的事物，這和其他的學生是非常不一樣的。

印證鴨子划水的理論，表面上越是平靜無波的，水面下就越是很努力的擺動雙腳讓自己平衡，划出完美的姿態。成功也許就像是鴨子，只要你願意付出，誰說你不能划出你的完美前程呢？

吃魚還是熊掌/

　　魚與熊掌難以兼具，就像是在形容這階段的我，一方面擁有美髮沙龍要經營，一方面也是昇宏集團的講師。若是兩者同時兼任，短時間內也許我可以嘗到不少甜頭，但長遠來看，若是貪一時的甜頭，很可能最後會什麼都沒有。

　　因為明白了這個道理，我知道任何事業都需要長久經營，那麼絕對不能夠僥倖，所以我開始思考美髮沙龍及講師之間的取捨。這段思考的沉澱期，大概是進入昇宏的第三年了，三年？沒錯，之所以會思考那麼久，是因為我小心謹慎的判斷，當一切沒有百分百把握，還有疑慮的時候，我不想冒然出手，我思索著，對講師事業的熱情，是不是能夠遠超過經營穩定的美髮沙龍事業。

　　之後事實說明了，我對講師的熱愛早已遠遠超過我所預料之中的程度。為什麼我會那麼熱愛這份工作？我想那會是因為，我是比較愛當藝術家的吧！當一名美髮設計師，它是一份藝術創作的工作沒錯，但若是碰到了有客人想留長髮，我卻覺得她應該留短髮的時候，藝術會因為現實面的考量必須順從顧客，當然我也可以在與客人的溝通之間去推薦和影響他，我想表達的美感為何，說服他的過程也會有對價的樂趣，可是那藝術創作的主控權畢竟不在我手上，客戶才是操控一切的主導者；講師就不同了，今天我想上什麼課程，發表什麼演說，設計什麼樣的授課模式，只要我手上握著麥克風，那主導權就是在我手上。我可以透過這樣的公開講授，將我的所學、我的藝術，傳達給所有台下的設計師們，對我而言那比起設計師工作的 ONE BY ONE創作還要來的更廣泛更有意義。

簡言之，同樣是藝術工作者，不同的是，設計師多了服務，服務客人依他的需求，創造屬於他夢想中的完美髮型，客人的滿意度才會是成就自己技術的來源，而講師的藝術創作卻可能完全由自己操控，談什麼內容、怎麼上課，則是靠自己來成就自己的技術，這也是我所追求的。

所以，想當然爾，我選擇了講師一途。除了上述對我的吸引之外，講師的工作可以讓我四處走走增廣見聞，何況我的工作地點還不只是在台灣呢！

那段時間裡，我最常做的事情大概就是坐車了。也是在這個時候我愛上了坐車，在搭車的那一段時間裡，是我不論身心靈都是最沉靜的時刻，有很多的思考方式和創作靈感都在此時醞育而生。那麼就是時候該當機立斷了。

很快地，我就將手上三間美髮沙龍全部脫手盤讓。不要以為是生意經營不好才要脫手，那就錯了。脫手的時期是在店裡營運良好的狀況下，以很好的價錢賣出的。如此一來，我便再無後顧之憂的去經營我人生的下一段事業——講師。

距今已過了約莫十個年頭了，當時脫手的美髮沙龍都還在蓬勃發展中，經營的有聲有色。後悔嗎？答案是否定的。反而我慶幸當時的決定，給了我和美髮沙龍都有各自發展的機會，也才不會像是什麼都要的貪心人，最後不只是吃力不討好而已，還可能賠了夫人又折兵。

成功是個自私的小女人，她最忌諱人左擁右抱，惟有專心一致才是擁有她的不二法門。

車床一族／

　　不要懷疑，我真的把車當床，更正確的來說，車對我來說像是家一樣了。這段四處奔波的講師歲月，除了講台之外，一天二十四小時中，我最常待的空間就是在車子裡，我不但要在車上化好妝，還要在車上簡陋的小化妝間裡簡單梳洗。

　　我曾說過，車子裡的空間和時間，請不要浪費，我最愛在坐車轉車的時間裡，思考演說的內容，或者讓思緒沉澱。但這些前提，必須是建立在有靈感有思緒的時候，否則一切不只是空，更是糟糕成一團。

　　不知道你有沒有過，要到達一個地方，明明很近，卻因為不斷的轉車換交通工具，而延長了原本甲到乙地的車程時間呢？如果有，那麼應該更能夠感受我接下來要說的「通勤一族血淚史」；如果沒有，那麼就請聽我娓娓道來吧！相信透過這樣簡單的文字組合，你一定能夠從其中感受到我幾分之幾的心酸。

　　當我放下了美髮沙龍經營後，專職講師對我來說是莫大的吸引，可以到處遊歷吸引著我，看遍各地風光也吸引著我，但我唯一不能夠接受的，就是離開家，隻身前往下一個地點。也許是放心不下兩個孩子還那麼小，除非出國，我總會堅持無論如何也一定回到家中不外宿。

　　講課的時間很規律，早上九點半開始課程，通常我習慣提前做準備，所以嚴格要求自己九點一定要到達會場。而我住的地點是高雄，所以有的時候若是演講場地在中北部，我就必須清晨搭車北上，快到目的地時再整理儀容化妝，

也因為這樣，我經常要大包小包的行李帶上一堆。因為不是全部的地點都能夠有飛機到達，在當時也還沒有高鐵，於是此時客運就成了很重要的交通工具。

以新竹為例說明，或許更能讓你感受路途奔波的辛苦。高雄到新竹，車程粗估約四個小時，也就是說我若是要在九點到達會場，那麼往前推算，我大約凌晨四點以前就要出發了，但還得要轉計程車，才能到巴士站，實際上整個換車的過程下來，早就超過預計中的幾小時，況且我對自己要求是不能夠遲到，加上緩衝時間，所以以我的運算方式，原先四小時的車程，就必定要變成五~六小時才是最保險安全的。更何況有些地方，沒有直達車，車子每逢交流道就要下去走馬看花一下，招攬乘客，短短的兩百公里，照這樣的繞法都要四、五個小時才會到。這誰受的了？

除此之外，記得有兩次我的行李，還放在客運的行李間，竟然不翼而飛。第一次是我的一些禦寒衣物，我就當是別人不小心拿錯也就算了，可是第二次，卻是我最重要的整袋工具箱不見了，裡頭全是我上課所需的必備器具，好一點的剪刀一把上萬，差一點的也要幾千元，更重要的是還有我生平買的第一把剪刀，它就像是護身符一樣，一直放在我的剪髮工具包裡面，即使後來我也很少使用它，但它在我心中的份量，是其它高價位的剪刀所無法替代的，這對我來說，紀念價值遠超過實際的金錢損失，不用說我有多難過了，現在回想起來又轉成文字，告訴大家這血淋淋、鐵一般的事實，我的心又忍不住痛了起來呢！從此以後，不管我的行李有多重有多大，我一定把它們全部放進我的視線範圍，保是保住了行李，但也苦了我自己，原本就已經夠狹小的空間，這麼一來，不要說伸腳活動一下筋骨，就連要怎麼跨進我的座位都有那麼點難度了。這時候不得不慶幸，還好我是那麼嬌小玲瓏。

好不容易到達了目的地，開始緊鑼密鼓的一天行程後，晚上回程的路上，才是最累人的，若是你睡得著，那算是福氣好，但要是睡不著，在這樣密閉的一個空間裡，聞著滿車各式各樣的餐點味道，混雜著香水或者煙味，還有此起彼落的手機鈴響音，乘客大小聲的交談，此時思緒真的會不由自主的往牛角裡鑽，莫名的煩躁。偶爾我在睡不著，又沒有靈感做些什麼的時候，會一路哭著回家，我不懂為什麼要這樣子辛苦、奔波了一天，卻連最小的願望——睡一下下都辦不到。或許是藉題發揮吧！人疲累到一個極限的時候，總是需要一個發洩情緒的方法，才能讓自己在正負中取得一個平衡點。

在這段時間裡，我也嘗試過自己開車去！但路的熟悉度是一回事，最重要的還是在這樣一個精神疲倦的時候，疲勞駕駛更是危險的一件事，也因為這樣體力真的是無法負荷，所以幾乎高速公路上的每一個休息站我都會停下來休息，如此一來，回到家的時間，往往比起搭大眾運輸工具要花上幾倍。這實在不太符合經濟效益，至少對我而言是如此，幾次經驗下來，也就作罷。

如果真要我說說講師這段歲月對我的困擾，我想大概就是這段「車床」時光吧！講師薪水通常是以日薪計酬，工作地點南來北往，通告多寡自己也無法決定，今天在台中，明天在屏東，後天可能是在台北。我經常是今天才剛完成了一場發表，回到家中已經接近午夜，抓緊時間稍做休息之後，沒過多久，就又得準備出發到下一個行程去了。不知道同樣是通勤族的大家，是否會覺得心有戚戚焉？

我選擇了祝福而非束縛

　　這年，我開始了昇宏產品行銷教育總監的職務。而昇宏集團，也為了擴大事業版圖，在2001年於台中成立美髮沙龍——新技專業髮型。次年，新技的連鎖體系於高雄擴大營運，順理成章，我的工作範圍加入「新技專業髮型連鎖」招募新人、教育訓練、營運管理，因為過去有成功經營美髮沙龍的經驗，所以這一切對我來說並不算陌生，也因為這樣，自然而然就會套用了過去所熟悉的模式來經營，畢竟那是成功的例子。

　　和之前有所不同的是，過去，我一個人全權負責所有的營運策略和管理方針，運籌帷幄完全在我的掌握之中，可以隨心所欲，但昇宏是一個大家庭，它是有很多人一起努力付出才完整的一個家。所以，在高雄剛要成立「新技髮型分店」的時候，總經理選擇了由我和另一位吳經理一同規劃經營。

　　起初，我們都有一同努力為這個大家庭，盡一份心力團結一致的心念。但經過了幾個月的相處以後，漸漸的問題產生了。對於我所套用的經營模式，在他的理念中無法認同，而我也因為侷限於過去的經歷中，對於他的方式難以接受，幾次的意見相左後，還沒真正擴大營運，我卻早已出現疲態。我知道，這是痛苦的、無力的。在還沒發生更重大的問題前，給對方都留一條路，放過彼此，我想才會是最好的方式，於是我向總經理提出了辭呈，我希望退出美髮沙龍的經營團隊。

　　還記得那一天，總經理約了我們一同開會討論，大概是實務經驗上我相較之下略勝一籌的緣故吧，吳經理似乎早有預感，總經理也許將他調配回台中，

而我駐守在南部繼續發展，所以他一出現，就劈頭先說道：「我真的無所謂，行李都打包好，可以回台中了呢！」一反常態的輕鬆態度，卻不經意的，還是在他帥氣年輕的眼神中流露出了失落。沒想到，我心裡頭想的，根本不是大家所安排好的劇本。我們雖然經常意見相左，但那只是對事的看法不同，並不代表一切，我也真的看到了吳經理的積極、有企圖心、很認真想把「新技」的任何一件事情做到完美的決心。如此人才怎麼能夠因為小事而埋沒才華呢？

當會議中我說出了這樣的看法時，他們都不禁要疑問，我是真的想要放棄了嗎？不！我不是放棄，我是放手在祝福一位明日之星。無所謂爭不爭執的問題，一家人本來就不應該有所計較、成見，大家做事都只是為了讓家更美、更圓滿罷了。與其痛苦難熬，或許祝福彼此，分頭尋找更合適的角色，會讓這個大家庭更和諧快樂呢！

幾年過去了，事實會說話，由吳經理統籌經營的新技專業髮型連鎖，果然在他的領軍下經營的有聲有色，如今全台各地已有約40幾間分店的規模，並培育了眾多美髮後起之秀，也透過產學建教和數所高職及大專院校相關科系配合，讓想學習一技之長又必須兼顧生活家計的同學們，在這樣的合作下，同時也能夠取得學位証明，獲得更多的機會。在他身上，我看到的不只是外表的帥氣，更多的是因為目標明確而執著、孤注一擲、全力以赴的決心。

至於我，也在屬於我熱愛的領域中，過的精彩、快樂。

有時候利字當頭，祝福也許成了很難跨越的障礙物，但不要只是近視短利，而忽略了事情的本質。放手祝福，也許等於放過自己。自己可以控制的事，絕不放棄，自己無法掌握的事，絕不強求。

國際講師/

　　告別了新技髮型沙龍的短暫經營核心後，因所擔任的角色頭銜是昇宏產品行銷教育總監，而公司產品也在世界約四十多個國家行銷，所以我的工作內容包含了發表秀、技術課程、產品行銷等，繼而以這身份，受邀到世界各地做發表秀及產品推廣。部份合作國家則會主動希望能夠求取新品或技術上的進修。偶爾，他們也會到台灣來取經，慢慢我的講學範圍及對象，已不只是侷限在台灣，更遍及了世界各地，成為國際講師。

　　這樣的國際講師工作，多元，且複雜。不要認為現在是地球村，所以理所當然的想法並不會差太遠，這樣想你就錯了，世界各地對於美的定義，還是存在著很大的落差。西方喜歡隨性的幽默，東方喜歡正經八百的秩序；西方追求崇尚自然，女人大多不愛穿內衣，東方追求修飾的美感，愛穿調整型系列；因為氣候的不同，西方享受日光浴的樂趣，東方則拼命在防曬，一白遮三醜的思想深植人心。

　　關於頭髮就更有趣了，不同的國家，因種族的不同，髮色也會有所不同，通常來說東方人的髮質較深、且粗硬，西方人的髮色則較淺、且細軟。如此一來，對於美髮技術的操作方式，幾乎是相反的。除此之外在文化、思想上的差別就更大了，就算是擁有相同語系的民族，仍舊會因地區或民族性的差異而不同。

　　就拿同樣是漢語系的對岸來說吧！還記得，有一回我受邀到了大陸做發表秀，那是一個美髮集中訓練營，為期五天。基本上運作模式是代理商會邀請我

至當地授課，目的是針對代理商的客戶，也就是美髮從業人員，去推廣新的技術和產品。當我穿著正式、專業的舞台造型服裝，準備再一次讓學員們體驗到和以往不同的全新學習感受前，通常我習慣會先以輕鬆一點的一個小笑話，讓氣氛不致於那麼嚴肅。這天，我同樣以所向披靡的海龜與龍笑話來和學員互動。

故事是這樣的，有一天在台灣海峽的茫茫大海中，小海龜遇到了一隻龍，他們一起游著游著，聊的很開心，可是終究還是會到了分離的這一刻，在即將分開的時候，小海龜就問龍了：「龍先生呀！我們還能夠再見面嗎？」龍回答說：「好吧！我們約定好500年後的今天，就在這個地點再見面吧！」500年的日子，足以讓一隻小海龜長成大海龜了。到了見面這一天，海龜興奮的要去會會老友龍先生，早早就到了約定的地點。沒想到歲月催人，龍先生竟沒有即時的認出海龜來，倒是海龜卻一眼認出了龍先生。海龜忍不住問：「龍先生龍先生，當初我們分離的太匆忙，都還沒來的及問你尊姓大名呢！你真的是太厲害了，可不可以教教我你是如何保養的呀？怎麼和500年前一樣，都沒變呢？」只見龍先生，一派輕鬆的說：「沒什麼好保養的啦！你誇大了！因為我的名字叫做『保麗龍』。」

故事結束了，卻沒有我預期中的笑聲，反而是一雙雙疑惑的眼神直盯著台上的我瞧，我像個傻瓜一樣呆站在台上，這下可不只他們要疑惑了，連我都不禁要問：「你們怎麼了？難道聽不出這是一段反諷的笑話嗎？是要大家努力學習、改變自己，否則就會像故事中的保麗龍一樣，一成不變。」後來才發現，原來他們根本不知道什麼是保麗龍。環顧四周，好不容易讓我找著了一塊保麗龍，我開心的對學員們說：「看看，這就是保麗龍。」正當我想再進一步解釋

笑話的精髓時，沒想到大家反而哄堂大笑了。有學員看出我臉上的問號，告訴我那並不是保麗龍，它叫做泡沫。「泡沫」？哈，原來同一個東西，在不同的地方有它不同的解釋，這也難怪他們聽不懂我說的笑話了。沒想到，同樣語言的文化，在不同的民族風情下，結果會有那麼大的不同吧！不過最令我始料未及的是，沒想到這笑話的點，竟意外出現在「我說泡沫是保麗龍」，若不是我誤打誤撞的找到了泡沫，那麼我想，這個笑話將會被我從此封講。因為舞台上的冷場，遠比你想像中的笑話沒人笑，還要令人難熬啊！

　　幸好，結論仍是我成功的和學員們打成一片了，對於接下來的發表秀內容，給人的感覺也不再是那麼嚴肅。這對增加他們的信心和學習態度，我相信是很有幫助的。這同時也讓一開始對我很不放心的代理商老闆，漸漸卸下了他的心房。怎麼會對我不放心呢？其實說來，我也必須要負那麼一點責任，因為當時尚未三通，不斷轉機奔波，需要花上大半天的時間才能到達目的地，所以我和助理兩人都打扮的很休閒，加上原先個子就嬌小，看起來就像是兩個小孩一樣。當主辦單位來接機的人看到我們時，一度還懷疑是不是接錯人了，當然也因為我們看起來很小，可能令人有不懂事、靠不住的感覺，一進海關，就被質疑了一番，為什麼行李中，滿是電腦、投影機、剪刀之類的用具，拖拖拉拉約一個鐘頭，才順利通過海關。

　　好不容易終於抵達目的地，但也已經是下午一點鐘左右了，沒有時間稍做休息，隨即又開始發表秀的前製會議。我們一直不斷的在討論所有細節，不斷的進行修改。從主辦單位負責人的臉上，看的出他似乎對於我們並不是那麼的信任、放心，所以不論我們提出任何的提案，他都會加以質問並反駁。會議開了很久，我們才開始實際操作的部份，反反覆覆直到晚上約莫九點了，我們卻

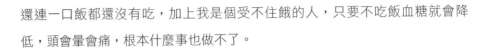

還連一口飯都還沒有吃,加上我是個受不住餓的人,只要不吃飯血糖就會降低,頭會暈會痛,根本什麼事也做不了。

終於,我忍不住厚著臉皮對負責人說:「我所有的想法跟計劃,無法獲得你的信任,我現在說再多,都還是無法讓這個信任開始,反正明天就要開始課程了,我的東西是不是能夠得到貴公司的支持,對你而言是問號。既然如此,若是明天的演出並不理想,我願意負責這過程中的所有損失,但如果我的東西是受肯定歡迎的,那麼現在說再多,也只是無謂的在浪費彼此時間而已。因為你的目的就是要讓你的客戶滿意,而我的目的是要讓這場發表秀完整順利,我們都有同樣的目標,不是嗎?」就因為這一段話,我們終於結束了這個會議,也可能是大家都累了吧?可是我的壓力並沒有因為會議的結束而結束,反而因為我所撂下的話,而壓力更大了,一整晚反反覆覆的,頭痛到我也沒法好睡,一早起來,偏偏又讓我遇上了「保麗龍事件」。

除了語言解釋上大異其趣外,當時和台灣美髮市場很特別有所不同的是,在大陸,設計師多為男性,若有一百位設計師,大約就有95位是男性,台灣則多數為女性設計師。所以我必須在教學上有所調整,才能符合他們的需求。待第一天的行程結束後,老闆又找我去密談了,但這一次,我聽出他已經不再是那麼的擔心,雖然還是有不放心,為免再一次重蹈前一晚的覆轍,我不再多發表什麼意見,只是說:請您再看看我的東西吧!

第二天、第三天、四天過去了,整個魔鬼一般的訓練營,搭配上我們的發表秀,整體來說,約400位的美髮菁英學員們反應都很熱烈,到了第三、第四天我和助理兩個人,還像是巨星一般的備受尊崇呢!反應之好,似乎有些超出了

我的預期之外，您可想像，400多位男性，搶著排隊簽名、拍照的景象嗎？我和助理兩個人對他們來說，大概就像是小李子遇到皇太后或者超級軍中情人一般吧！

結束活動的前一晚，我們再度開了一個圓桌會議。老闆很直接的告訴我們，當他第一天看到我們的時候，心裡所想的是：「台灣也太不夠意思了吧！我是投資了那麼多心力在這上頭，卻只派了兩個小孩子來敷衍我。」沒想到真正合作以後，他不應該先以貌取人，我們的專業，確實讓招募來的每一個美髮設計師，都很滿意，也凝聚了他們的向心力、學習新技術的心。

結束的這天，我不單和大家打成一片，也和老闆建立了朋友關係的基礎，他還送了我們具代表意義的許多紀念品，讓我和助理兩人幾乎都快捨不得回家了。後來，他也曾到台灣來遊玩，而我就是他的最佳導遊首選，大概不打不相識就是這種感覺吧！

講師已經是那麼不容易的工作了，國際講師更是多元複雜，雖然說有趣度加分了，可是那壓力絕不是一般人可以承受的。這幾年我陸續還到了中國各地進行演說發表。包含很多當地的媒體、報社都會做採訪報導，對於台灣之外的土地，也在這樣的合作關係下，有了特別的一份情感，過程中的一些朋友、貴人，到如今也都是我的好朋友。雖然很累，可是可以透過工作遊玩各地，並深入民情。大概是我對這工作熱愛又不可自拔的緣故吧！

有所得必有所失，我喜歡將這個失去，看成是付出的解釋。希望有什麼樣的生活就要先有所付出，生活是這樣、工作是這樣，更重要的是，必須抱著這

樣的態度去做每一件事！

　　雖然一開始我的休閒打扮不被客戶所信任，讓我有了錯誤的開始，但我態度明確且積極、努力，以我的專業去反駁所有對我不信任的人。

擁有實力的人，不論過多久，有再多的塵埃，也無法掩飾它耀眼的光芒。相信自己、堅定信念，冷靜面對每一次的困難，那麼最閃亮的新星，肯定非你莫屬。

潑灑你的完美態度/

　　　　對於講師的這項工作來說，大致可區分為兩大類：一類是專注講授技能，以課堂互動方式，由淺入深，循序漸進，透過課程區分、設計教學大綱，讓學生能夠理解上課內容；另一類是透過造型發表秀，發表流行訊息，或以季、年、風格主體做區格，還需要搭配燈光、音樂、舞台規劃、場地、模特兒、服裝、彩妝、整體氣氛帶動等等，但是一場秀包含的細節實在太繁雜，要有整體性、立即處理的應變能力。大多數人只能擔任其中一項，因為要想兩者兼具所要具備的條件實在太多，不單只有技術，更要有強烈的舞台魅力、獨特的個人風格，才能夠在這兩者間盡情揮灑、怡然自得。

　　　　很幸運的是，在十幾年的講師生涯中，我結識了幾位擁有上述特質的好伙伴。雖然我們來自不同的國家，但每隔一段時間可能幾個月，也可能幾年，我們總會受邀合作巡迴表演，舞台就像是我們的聚會一樣。

　　　　來自香港的Boris，擁有與生俱來的美髮設計因子，是一個堅持自己理想，並努力實現，愛家愛小孩不像射手的射手男。舞台上，他總是輕而易舉的透過幽默風趣的言談，加上港式中文，就吸引眾人目光。一手打造夢想中的教育事業──Boris HC美髮教育學院。即使過程中根本不比講師生涯的收入穩定，但他仍舊堅持自己的夢想，並持續實踐走向夢想國度的每一步。現在，除了學院、更在大專院校裡頭擔任兼任授課，同時也是多位知名演藝人員指定髮型造型設計師。他常常說：「上帝對每一個人其實都很公平，祂給了每個人一天相同的24小時。這就是為什麼有些人可以成功，有些人卻不斷失敗，界線其實就在於你怎麼去善用『公平的時間』。不要輕易浪費，哪怕只有一秒，堅持下

去，它就成了你成功的關鍵。」

　　Joakim Roos喬爾金‧路斯，瑞典人，渾身充滿著北歐人熱情奔放的特質，又有型有款，曾獲2003年OMC歐洲髮型大賽冠軍。許多比賽常勝軍的特點，多是技術面上擁有超人的能力，卻無法兼具時尚感，但他很特別的是能夠將兩者巧妙結合，不論吹、整、燙、染、梳編等技巧，都可以透過他的巧手呈現在觀眾面前。言談之間，也總是永遠離不開美髮，若說他是個偏執的美髮藝術工作者，一點也不為過。獨特的歐式風格，如同他外表給人那種酷酷嚴肅的感覺一樣，偶爾會讓人摸不著頭緒，但透過翻譯巧妙的一搭一唱，在舞台上常有意外笑果，這點反倒讓他跨越了語言障礙，悠然在世界各地發表Joakim時尚。天才般的才能及時尚美感，好像不論是誰，都能從呼吸中和他一起品味藝術一般，輕而易舉隨著他的腳步，走入時尚殿堂。雖然他擁有高知名度及崇高的評價，但在他身上你永遠也聞不到一絲的匠氣、看不見高傲的態度，或許這也是他之所以如此倍受喜愛、尊敬的原因之一吧！

　　娃娃，人如其名，就像個娃娃一樣可愛的個性，擁有一雙精明幹練的眼睛，是HAPPY HAIR髮型沙龍的設計師，同樣也是昇宏集團講師。反應敏捷、開朗直爽的性格，讓她不論在面對任何處境或低潮的時候，總是很快的就能夠調適的很好，速度之快不是一般人能夠想像的。記得有一回在發表秀的現場，當她衣著華麗、腳蹬四寸高跟鞋，準備上台的時候，拿著麥克風還一邊在說話，就立刻跌了個四腳朝天，就當台下的驚呼還沒結束時，只看她仍舊接續把還沒說完的話說完，一邊說一邊站起來，彷彿剛剛那一跤是大家眼花一樣，完全不是事實。好不容易等她下了舞台，我連忙上前關心傷勢如何時，她竟然回答：「也還好呀！洗個手就忘了。」這才知道，原來她只要碰到不順心、不愉快的

時候，她就會到洗手檯去洗手，一邊洗一邊告訴自己，洗一洗就乾淨了，乾淨了就忘記了。很另類的紓壓方式吧！只是若不是搭配她這樣的個人特質，或許就不單是洗個手能解決了。我不敢說我們是多麼成功優秀的專業人士，但最起碼我們都是在自己的領域裡，各自寫下精彩故事的成功築夢者。「近朱者赤，近墨者黑。」同樣的成功築夢者，也會有同樣的特質，不知道你是不是發現了，我們擁有相同的堅持，堅持永不放棄夢想的固執；相同的熱愛，熱愛你所堅持的固執。

　　Boris的堅持教育、Joakim的堅持藝術、娃娃的堅持努力、我的堅持玩美，我們的態度、方式也許不盡相同，但不變的都是那一分「堅持」，這都再再証明了唯有堅持到底的心念，才會是點亮人生的那一盞明燈。

放眼世界，放眼未來/

　　每年在香港、義大利、澳洲、美國等地都會有屬於美髮設計造型的盛大展覽，所有頂尖的技術者及美髮教育學院，會在這段時間受邀來到展覽地發表最新的技術跟造型創作理念，美髮廠商也會藉此機會，宣傳新一季的產品跟流行訊息。與其說是美髮人的進修，不如說是美髮人的朝聖吧！

　　當然，所有相關廠商跟業者，也都會來此尋覓最新一季的流行素材，如此說來我怎麼可能讓自己在這麼重要的盛會缺席呢！所以這是我每年，最愛也最期待的美髮國際聚會。

　　其中　2004年4月，我在義大利的迎賓晚會上，就以身為美髮設計師而感到驕傲。那一場party只邀約了兩百位來自世界各國的貴賓，他們有頂尖的美髮大廠之代表，也邀請擁有國際知名度的美髮設計師，當然也不乏影視媒體，總之與會人士的陣容，已經令我感到興奮萬分。維德沙宣受邀演講，當時的他早已白髮蒼蒼，像極了小號的聖誕老公公，當被問到何時退休時，他回答道：「從我十幾歲開始到現在我已經七十多歲了，這六十幾年我都在美髮界工作……如果你問我，要到什麼時候退休呢？我想，會到我閉上眼睛，走向天國的前一刻，因為美髮早已融入了我的生活，無法從我生活中抽離了！」當他講完了這一串話，全場皆起立鼓掌，一張張臉上寫滿的都是感動，很多人──也包括我在內──都因為心裡深刻的觸碰而眼眶泛淚。究竟是什麼樣的情感，可以讓他如此堅持，甚至願意付出生命中的每一刻，只為了最愛的美髮藝術，而我又是何其榮耀能與這樣的一個人身在同一個行業，因為我們都如此熱愛自己的職業，它不僅只是一個謀生的報酬，更是透過這門藝術讓理想實踐。

　　此外，參加這些國際性的展覽，不單是讓你更清楚掌握新的流行資訊，更可以從這裡去掌握國際的脈動。我常說，一個優秀的髮型設計師，不單只是要有好的技術，更要有豐富的知識才是一個頂尖的設計師，因為你的顧客千奇百怪，職業各式各樣，要做一個好設計師最重要的是有良好的設計能力，如果這個時候，你口袋裡沒有太多的靈感和資訊的話，在創作上就會成了很大的阻礙，那麼就無法替顧客設計出最符合需求的髮型了。這樣形容就可以了解到掌握國際情勢是多麼重要的事。簡略來說，它可以讓你擁有了更多更廣的設計題材。

　　每當經歷了一場美的洗禮之後，就會感覺自己在無形之中提昇了創作的藝術細胞，所有的美感和知識都在這其中，慢慢的累積，不要忽略它的重要性。

放低姿態，讓自己活到老學到老，永遠讓自己為了迎接成功在做準備，那麼成功就離你不遠。

跌倒的教訓/

如果賠錢等於失敗，那我也算是擁有失敗的經驗吧！那是我所有經歷過的事業中，壽命最短，印象最深的一段。所以說，不經一事不長一智，也因為有了這一段故事，所以比起過去，我更加懂得三思而後行的意義了。

雖然當時我仍同時擔任昇宏產品行銷教育總監，但感覺上這樣的機會，就像是天上掉下來的禮物一般。機緣下，幾個好友的午茶時間，聊著聊著就刻畫出一張完美的事業版圖。緊接在不到一個月的時間，我們幾個好朋友，便開始商談細節，一間夢想美好的服飾店，就這樣逐漸成型。

一直以來有很多人讚美我搭配服裝的品味和眼光，加上兩個朋友也正巧在找工作，就在這樣的一個氛圍下，更加速了我們成立服飾店的腳步。把我的品味分享給所有同樣喜歡流行時尚的朋友，就是這樣強烈的慾望，如同催化劑一般，一切很快都就緒了。

起初，我堅持要想創造一定水準，就必須在地點、裝潢、品質上也有所投資。所以地點，我們選擇了人潮較多的百貨商圈，你一定無法想像，黃金地段有多麼的黃金，大概在民國九十年左右，十坪大的店面光是租金就要價七萬，當然這還不含水、電、裝潢、貨款、押金，這些林林總總加起來，我們投資的總額也差不多有個七位數了。可是不知道哪裡來的勇氣，我們三個臭皮匠，還真幻想自己能勝過諸葛亮。現在回想起來，還真是不得不佩服自己的勇氣，因為那對於我而言，根本是從來沒有接觸過的領域。人家說隔行如隔山，而我們卻還能夠這麼投入，並且在這麼短的時間內，就張羅好一切，除了佩服自己，

更多的或許是不可思議吧！

　　開張大喜，頭一個月，各方好友的賞臉捧場，讓我們先嚐了點甜頭，但實際上仍未達到收支平衡。「革命尚未成功，同志仍需努力！」抱著如此信念，來到了第二個月，我們想都沒想過，就在這個時候，高雄捷運開挖了。原先我們設定的人潮商機，全因為捷運工程把道路封閉，也跟著消失了，在收支無法平衡，而我們也不打算輕言放棄的情況下，決定股東增資再試試吧。「國父革命都努力了十一次，嚴格來説，我們也都還算新手呀，努力看看吧！」是我們心中共同的喊話，就這樣來到了第三個月、第四個月……直到半年過去了。不但生意沒有因為我們的增資而有所起色，捷運工程車的進進出出，所產生的大量灰塵，也讓我們原本就小的店面，在蒙上厚厚的一層灰之後，愈發不起眼了，就連我們要到店裡準備營業，都不知道該把交通工具往哪兒擺，又何況是想來消費的客人呢？除此之外，昂貴的租金、水電、人事開銷、貨物等等，都是壓倒我們美好夢想的最後那根稻草。

　　最後的句點，沒有掙扎、沒有猶豫，如同一開始我們所共有的思緒一樣，我們決定將這間小店結束。

　　結束的那一天，外頭的空氣依舊灰濛濛，但我們的心情並沒有因為這樣而感到失落，相反的，幾個女人就這樣在幾坪大的店面裡，開心的玩猜拳。不要懷疑你所看到的，我們是在猜拳。由於貨物都是一次買斷，所以在生意不佳的情況下，我們囤積了不少貨物，可是總是要有辦法解決它吧！而我們想到的方法，就是化挫折為快樂，用自己的方式為挫折找一個出口，依股份的多寡來區分可以帶走的件數，再以猜拳方式決定挑選貨物的先後順序。等到天真的黑

了，我們也玩累了，大家都開開心心的載了一大車衣服回家。滿載而歸的感覺真的還不賴，只可惜我運氣不太好，載了一大車卻有一半以上不合我的尺寸，這倒是樂壞了我的家人朋友們，大家無不興高采烈等著接受我那一拖拉庫的精品服飾。失敗不一定是壞的、不好的，從跌倒的經驗裡學會怎麼站，才會是你成功的助力，而在這個過程裡，最重要的不是思考要怎麼站起來，而是記住怎麼跌倒，並永遠不讓自己再犯同樣的錯誤。

反觀當時，我們的準備工作太倉促，沒有做好商圈評估和消費需求，地緣分析也不夠透徹，更糟糕的是忽略了公共設施的開挖時間。現在，若是再有一次機會，我想我一定會更加謹慎小心，並且詳細規劃後再執行，決不會再犯和過去同樣的疏忽。

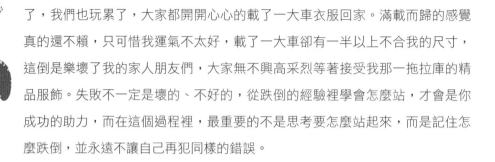

成功的路上，會出現很多好朋友、壞朋友，像是絆倒你的小石頭、阻礙你繼續前進的大山或是一片汪洋、當然也會有好心送你一程的馬兒或知音人，不論遇見的會是誰，「反省」一定會是你繼續下一步的最佳潤滑劑。一個懂得自我反省的人，永遠都會是最快邁向成功的那個人，因為他記住了怎麼跌倒。

標榜美髮學院/

　　這個座落於民國九十四年九月，市中心精華地段的美國標榜美髮學院在台分院，在昇宏總公司的29F。它擁有半個大高雄的景致，加上一流的專業教室，陽光流動良好的辦公室，是我後來幾年的工作重心。

　　PIVOT POINT，1962年美國芝加哥的標榜美髮學院，創立者是──李奧・巴沙治(Leo Passage)。從小他就生長在美髮師家庭裡，耳濡目染之下也啟蒙了他對美髮濃厚的興趣，起初，他有感於身邊的友人多是從事美髮工作，剪髮時就如同在建築的過程中，雕塑建體之造型是一樣的，都是屬於美感建立塑型的設計師，於是他便將建築的雕塑理念帶入美髮，創立以剪髮雕塑技術為主的教育學院。

　　他獨創了最時尚的髮型設計理念，將美術、科學和建築設計概念完美地融入髮型設計中，開創了髮型設計的新紀元。全世界多位知名設計師以及學生都是師出標榜系統。標榜的養成教育讓學生可以實際的融入社會，標榜學生及設計師都有著完整的藝術概念，紮實的美髮技巧，每年約有50000名學生從全世界各地的PP學校畢業並投入美髮行業。目前標榜的教育系統，被全球62個國家所採用，不僅提供了畢業生後續的國際性就業機會，能夠到各國觀摩見習，更能學習到最新的流行剪髮技巧。而我如此榮耀的擔任這樣一個擁有悠久歷史，全新包裝的美國標榜美髮學院在台分院執行長的職務。

　　經營一個國際性的學院，在思考點和決策上跟過去有很大的不同，對於我三十多年的美髮工作來說，到這個階段，除了技術面之外，經營管理對我來說

也是很重要的一個區塊，也因為這兩年的洗禮，成就我後來進修EMBA的動機。

事實上，這是標榜在台分院搬家後的地點，正巧搬家的日子，我出國進行發表演說的工作，再一次回到熟悉的崗位，卻已是如此美侖美奐了，迎接我的更不只是辦公室，還有一位外語、設計美編能力超強的小秘書。

當我看到了一張陌生的臉孔，心中猜想那大概就是我的小秘書吧！習慣性的我還是稱呼她為寶貝。因為對我而言，每一個部屬和學生都是我疼愛的寶貝。我一開頭就說道：「哈囉！小孩，妳是我的寶貝嗎？」只見她一臉錯愕的答道：「小姐妳認錯人囉！我不是妳的小孩。」呵呵~是啊是啊！怎麼會有一個和自己年紀差不多的人突然變成自己的媽了呢！我太開心忘了，她並不認識我，所以不能意會那只不過是我的口頭禪罷了。不過這樣的另類第一次接觸，也順利讓往後我們的合作關係一直非常的融洽。好啦！這不過是小小的插曲，其實我應該介紹一下這個職務和過去的講師工作有何不同。

看似大同小異的工作，其實還是有很大的不同，這個階段我的任務，是將「標榜」建立品牌龍頭地位、塑造在台灣的知名度，打入美髮市場。工作內容除了授課、訓練業務、行銷活動、經營策略，並同時和國內外多所高職、大專院校建立友善關係，讓學子都能夠透過參觀標榜學院，了解以「標榜」為品牌名的一系列美髮相關用具和招募學員的目的。這樣的策略，不但讓標榜成功打響了品牌知名度，教育合作上更擁有了多元化的國際優勢。這點讓許多國內的技職相關科系，對我們備感興趣。

透過了教育合作，和學校有密切接觸的同時，悄悄的，有不只一雙眼睛在

我身上駐留，開啟了我邁向下一個人生旅途很重要的一扇窗。

看似頂尖，卻不是最頂尖，因為把眼光放的更遠才能有不斷進步的空間。一
山還有一山高，不要只是樂安於現況，有時候過分的安逸，會是你挑戰更高峰
的阻礙。如果你只求差不多的人生，那麼你的成就也將差不多如此而已。

邁進學術界

我轉彎在樹科大/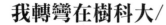

　　密集的和學校接觸，並透過這樣的合作方式，達到產學互動的目的，同時，我和學校結下了不解之緣。

　　有一天，我旗下的業務經理告訴我，高雄縣樹德科技大學設計學院翁英惠院長要來拜訪我，那時我還忍不住讚美了業務經理，告訴他：「你真行，竟然能讓院長親臨我們學院。」從知道消息的那一天起，我便開始馬不停蹄的準備所有的教材、設備、介紹書等等相關資料，就等翁院長來訪，希望能夠讓他對「標榜美髮學院」留下一個美好的形象，進而有合作機會。

　　終於到了這一天，和我想像中西裝比挺的打扮截然不同，只見院長一派輕鬆，正當我準備向他介紹學院的同時，他搶先一步先開始對我述說樹德科大是一間多麼優質的學校有多好的環境。我心裡不禁要疑問：難道樹科大也有在賣產品嗎？怎麼院長一直在跟我推薦學校呢？經過交談後才了解，原來翁院長透過朋友的推薦介紹下開始注意到我，所以希望我能夠受邀到設計學院的流行設計系任教。只不過當時，實在也想不出任何理由跟藉口，說服自己離開現在的工作進入校園，所以婉拒了院長的好意，只是院長也沒有放棄的意思，只說希望我能夠再思考。這是我們的第一次會面，原以為結果不了了之，沒想到兩個月之後，電話來了……。

　　電話那頭，依舊不變的傳來堅定執著希望我能夠到校任教的聲音，翁院長在電話那頭說，距離學校教師送審還有最後的一天，希望我能否試著準備一下簡單的作品集送審呢？禁不住院長的好意，我只好在緊迫的20小時內，將簡單

的作品集送到學校。說簡單,它還真的很簡單,只有短短的10頁。因為時間的不足,加上我實在也沒有認真考慮過這件事,所以並不是很認真的在準備這些資料。現在想想,當時院長一定以為我是在開他玩笑吧!怎麼會是這麼簡單的10頁作品集呢?

果不其然過了幾週,電話又來了,翁院長覺得我準備的資料太少了,他告訴我若是時間上來不及,那麼我們就先預約下學期吧!距離下學期還有大半年的時間,希望在時間充裕的情形下,能夠讓我更專心在作品集的製作上。

這樣溫柔的壓力,讓我原先堅持的心念開始有所動搖了,這大半年我不僅是在掙扎是否要離開現在的工作到學校任教,更掙扎的是我怎麼能夠就這樣離開,對我有知遇之恩的總經理及總裁呢?再加上我的職位是執行長,若是就這樣離開了,那麼短時間內是不是能有接替的人選呢?在這樣多重的壓力下,我決定先讓自己放個長假。一方面是試著讓自己,能夠稍稍放下忙碌緊湊的工作腳步,一方面準備送學校審查的作品集,也許是因為一向要求完美的我,卻在先前草草交代了作品集有違自己的原則,所以我想讓這一切更完美吧!總之這一次,我是很認真的在準備這件事。

當放完了假,再一次靜下心來回到這個崗位上,很奇妙的是,我發現,我的心竟然已經徹底的動搖了,明明是一樣的工作內容,卻開始會被我拿來和未知的學校教授比較。此時,我更清楚知道,這個工作已經不再是那麼適合我了。以前覺得講師工作有趣的地方在可以四處旅行,但現在卻厭倦了打包行李。經過了多次的提出辭呈,總經理也許也看見了我的掙扎,所以決定如果我能夠有更好的發展,那麼她或者應該放手,讓我去看看另一個人生轉彎處,是

不是有更美的風景。

　　一切準備就緒，果然有用心和沒有用心的成果差很多，這一次我的作品集，包含了自傳、履歷、作品紀錄、成就、榮譽、證照等等一共300多頁，和先前的10頁相比，簡直天差地遠。也因為這一次充足的準備，一切水到渠成，我順利通過審查，擔任樹德科技大學流行設計系的助理教授級專業教師一職。

邁向成功有兩條路，一條是訂定目標勇往直前，一條是因多方努力而水到渠成。

寶貝老師/

　　知己知彼，百戰百勝。當我決定也順利來到了這個新環境時，預先要做的準備功課是很重要的，所以我比新環境更早先一步去認識它、熟悉它了，從我知道的資訊裡頭去搜尋有關它的一切。

　　正如同翁院長所描述，除了一流的師資以外，位於高雄郊區的樹德科技大學，更有別於一般社區大學，先天的優勢是它位於半山腰，擁有了美麗的風景和清新的空氣，學校更是用心的規劃校園裡的一草一木，當我第一次踏進校園，映入眼簾的就是一大片的綠地和湖泊，再靠近一點仔細瞧瞧，原來裡頭還養了鴨子，在湖畔兩旁有幾張桌椅，我就這麼優閒的坐在湖邊，看著游水游累爬上岸的鴨子，和經過的學生，頓時，構成了一幅很美的畫面，若不是親身感受，你不會知道，這一切是讓人有多麼舒服的感覺。

　　姑且不談學校給予教師的實際薪資是多少，光是這樣舒適的工作空間，就足夠令人感到值回票價了。除此之外，每位專任老師都擁有一間專屬的個人研究室，裡頭硬體設備一應俱全，有電腦、書櫃、辦公桌、冷氣等。我不習慣讓環境來認識我，所以我通常主動出擊。第一步，除了了解環境之外，就是打造一個環境，這是個供我專心做學術研究的一個全新天地。

　　只不過當我一切準備就緒的同時，天不怕地不怕的我，竟也開始不安了起來，說來很可笑，但我確實是不安了。為什麼呢？因為過去總是有人替我follow好所有的行程，當我準備上台演講時，會有助理邀請我可以準備上台了，可是，我從來不曉得，大學裡頭的教授，是不是也會有學生來邀請我準備

上課呢？從資料上，我知道這堂課的學生應到人數是四十位，上課時間到了，學生是不是也都正襟危坐準備上課聽講呢？我要自己帶著教材到教室去嗎？種種的問題，原先都不在我設定好的腳本中，沒想到卻在要上課的同時才一一浮上抬面。掙扎了一會兒，該來的還是要面對，就這樣我帶著不安的心情，準時走向教室去。

兩個同學。是嗎？我真的不是在做夢，也不是看錯時間了，真的只有兩個學生坐在教室裡，此時我心中的不安頓時減去大半，多的只是疑惑，這是怎麼了？可是我只是對著同學笑一笑，就坐下來，鎮定情緒準備待會上課的教材。半個鐘頭過去了，終於一個、兩個、三個學生陸續的就坐了，只不過當我站在講台上往下看的時候，就好比坐了時光機回到東漢末年一般，學生各占一區，散落各地。

過去在業界的演講經驗，學員們總是迫不及待以積極的行為爭取互動，提出疑問，也一直是很熱情的在看待聆聽。但到了學校，我才真正的體驗到，學術和業界所需求的授課心態是截然不同的。就在我失落的結束了第一次的校園授課後，我不斷的反覆問自己，問題到底是出在哪裡？為什麼上課的氣氛不對，學生反應如此冷漠？以我十多年來在業界的教學經驗，從來沒有這樣的失落感。為了找出問題的徵結點、了解什麼才是學界該有的風範，我就像是個「偷窺狂」一樣，偷偷走到其它教室外頭，去觀察別的老師授課時的方式和情形。努力了一週後，我發現了。我發現不是我的東西不夠精彩、專業，而是台灣的教育模式一開始就出了問題，我們沒有教育好學生應該懂得表達熱情、懂得找問題、創造思考，幫助自己學習。所以，學生才會在上課時候，表現出冷漠、害羞的一面，彷彿就算老師在講台昏倒了，學生大概還會納悶老師現在是在演幾點的戲碼吧？

就像有一年，我到了香港海洋公園玩，當時台上正在表演海豚秀，主持人就說：「現在我希望能夠邀請在場的兩位觀眾上台來，和我們可愛的小海豚一起互動，不知道有誰願意上台來呢？」此時全場無不熱烈鼓掌，大家都用力的搖著手，希望主持人能夠欽點他上台去，只見一片人海中，有一小區默默的無動於衷，就怕主持人叫到的是自己一樣，都很低調。沒錯！就是台灣團。由此可見，這是我們的教育方式有問題。

　　當然這中間也不全然只是我們的教育，也有一部份原因來自每個人成長環境不同，所造就的不同性格，這當中來自同儕的壓力和模仿行為也是重要因素之一。當所有人都不喜歡和老師互動的同時，若是提出發問，或者是回答了老師問題，在課堂間反而像是鶴立雞群一般，眾人的目光將集結於一身。或許這也是讓同學們吝於分享的主因吧！

　　這點雖然讓我覺得很可惜，可同時也是讓我了解學術的領域，不同於我先前的工作內容一般，不論是在授課方式、內容都有很大的差別。在認清了這一點後，我努力調整自己的心態，也試著調整自己的腳步，陪伴這些孩子們重新成長。現在，我不但能夠在課間以新的方式讓學生得到最好的收穫，也和學生們有了更熱絡的互動，像是師生，更像是朋友一般的感覺。我還是一貫喜歡稱呼我的學生是寶貝，我希望他們也能夠像我業界的寶貝一樣發光發熱，所以，私底下同學們還給了我「寶貝老師」的綽號呢！

隨時調整自己，主動的人，才能擁有更多的機會。當你舉起手，就是你準備向成功再進一步的時候了。

國手訓練/

　　這是一個迄今已有五十年歷史的國際賽程，目前會員國共有三十八個國家，每年透過研討會和技能競賽的方式，讓來自世界各地的新興技術人員能夠互相切磋，加強國際交流。也因為大會有限制參賽年齡以及資格，所以主要對象是針對在學的學生為主，這樣國際性的比賽，每兩年舉辦一次，正式競賽的項目有四十種之多，在進行國際競賽之前，必須要先由各大專院校選出的全校第一名，再參加南北區的區域賽，選出冠軍之後再一次經過全國大賽產生的第一名，才能夠有資格代表國家出賽，這就是國手的產生過程，其中美髮技能競賽一直以來都是樹德體系的重點培訓之一。

　　記得，這是我進入教職生涯的第一年。和幾位各擁不同專長技術的美髮老師一起，我們參與了學校培訓國手的的訓練課程。這是和以往我在培訓講師和設計師截然不同的。在業界，重視流行時尚多過乖張繁雜的技巧，而學界和這一類國際競賽所需要的，卻是技巧多過於創意。

　　楊攸仁同學，是幾位學生裡頭最出色優秀的，他經歷了幾場區域性的競賽，直到後來順利打敗了多位競爭對手，成了代表我國出賽，參加第三十六屆的國際技能競賽的國手，並榮獲國際技能競賽世界美髮大賽第五名的佳績。

　　訓練過程中，不只是學生在努力學習，也同時是我在重新學習如何去訓練選手，因為我必須教導他更精進的技術，不再只是單純的講課表演技術。為了能夠讓孩子保持在最佳的狀態，學校特別讓他有一年的時間專心準備比賽，每天除了練習技藝之外就是注意如何保護雙手不受傷。我們為了保護他的雙手，

甚至於所有可能令他受傷的因素，我們都盡可能避免發生，除了嚴格禁止他騎車，更重要的是也不能夠出力搬動重物。這一切都只是為了能夠讓他以最完美的狀態去完成比賽。花費的耗材數字也很驚人，他一天就要剪上好幾頂幾千元的假人頭，果然在如此嚴格的要求之下，順利的在日本靜岡所舉辦的國際技能競賽當中為國爭光。

看著自己培訓的寶貝，就如同是自己生下的小孩一般珍惜疼愛，當我看到他為國爭光的那一刻，心裡的感動是無法言語的。感動的還不止是如此，在比賽的過程中，出賽的每一位台灣選手身上，都穿著繡有國旗的T恤，這代表的不只是它來自台灣這個國家，更代表著他們正在為台灣向國際發聲，尤其在上台頒獎的那一刻，正式的西裝中另藏有玄機！頒獎的同時，他們在台上脫下西裝露出的是青天白日的國旗，不顧某些立場的阻止，硬是用力展示揮舞著，而台下的台灣選手，也都很有默契的在鼓動。我身在其中，更無法抗拒的隨著大家一起歡呼。這很特殊，和其它國家不同的是，若不是處在這樣一個動盪不安的政治體系中，或許我們不會如此激動，那一刻，我深刻感受到了大家的激昂與團結。

學校裡求學的時間，是人生中最精華的時光了，在這個階段裡若是能夠多利用考證照、比賽等方式，除了是在證明能力以外，更是在累計你邁入職場前的人生經歷，越多越豐富的人，往往最容易在一個新環境中生存茁壯。當我陪同選手們一同出國比賽的時候，我在他們的一舉一動中就能夠印證我這樣的說法是對的。

比賽的過程是艱辛的、漫長的，但也會有趣味的所在，我常看到來自不同

國家、不同語言的選手們，大家的英文能力也不是那麼的好，但在休息的時間裡，還能夠透過比手劃腳的方式來溝通，並且很快的打成一片，玩在一起，我就知道，這些孩子們不但在這樣的過程裡學習了純熟的技術，更磨練出大膽創意豐富的應對處事態度。

所以，把握當下的每一次練習，每一次機會，成功的關鍵也許就在你累計的人生歷練中。

行政總監/

「畢業成果展」是一次讓同學們將四年所學之技能與創意結合的機會，也是大學生涯的最終重頭戲。大家無不抓緊這次的機會，希望能提前在學生階段就得到企業的青睞。其實，大學就像一個小社會的縮影，不同的是同學們之間的利害關係較為單純。透過畢業成果展的製作，不單單可以讓學生發揮創意，應用所學，也可以透過這樣展出的模式，提前和企業做接軌。

很快的，我已經來到這個校園兩年了，也在今年我接下了畢業製作行政總監的職務，工作內容主要是在協助學生完成作品展演，順利畢業。這一段籌組畢業製作的日子，整整一年半的時間裡，我和學生們就這麼一頭鑽進專題研究的世界裡。除了每週一次的專題討論時間以外，還必須依照學校所制定的審查進度來製作，雖不容易體會，但是經由這樣的機會，陪著同學們一路走過，我更深信其實這樣的作業並不是作業，它是為了讓學生能夠從單純思考模式，蛻變成靈活的一次人生考驗。

不要以為，不過就是個分組作業嘛！這樣想你就錯了，分組最重要的用意，並不在作業，而是在團結。沒有人會想永遠只當個出不了頭的「小小咖」，想要贏，在一個團隊中，就需要團結。常常會看到，很多好朋友到最後卻為了微不足道的小事鬧翻，甚至根本連朋友都當不成了，這爭議的內容，小至分工、金錢、審美觀，大至價值觀念和向心力，不要懷疑，可以爭執的事多如牛毛，這就好像是一個畢業魔咒一樣，揮之不去、屢試不爽。

記得有一回，還是大家原先都很看好的組別，幾個小朋友就跑到我研究室

裡吵著要拆組不做了。當我問到他們原因為何時，沒想到，原先吵的不可開交的好朋友，竟如此有默契異口同聲的說「我們憎恨對方。」哈！這還需要拆組嗎？我看大家明明都還是很有默契的呀！而且有志一同，所以在我和幾個老師的好言相勸下，硬是不許他們拆組，請他們無論如何一定要堅持往下走完這段「憎恨之路」，沒想到幾個互相憎恨彼此的同學，最後也能夠順利的得到好成績。之所以會說這段故事，主要原因在於告訴大家，一個團隊齊心的重要性。當然畢業製作裡的過程不會是只有這些。

流行設計系很特別，和其它設計科系有所不同的地方在於，「流行」需要有舞台配合展出，除了靜態展場表現流行商品之外，舞台的走秀表演，就是我們發展流行時尚最佳的利器。許多參與動態展演的同學們，除了服裝、髮型、配件、等作品之外，還需要透過模特兒搭配走位、燈光，才能夠將所製作的物件一一發揮其最大效益。這也是最困難的，因為學生的資金和人力資源有限的關係，他們只能以最小的投資換取最大的報酬。模特兒經常是友情站台、分毫未取的。好處在這，壞處也在這，沒有利益的牽絆，人往往還是只會看到現實的那一面，經常也會有組別，碰到了一切完美卻只欠模特兒這樣的情況。該怎麼辦呢？同樣是在考驗危機處理的應變能力。怎麼樣能夠讓模特兒能夠配合演出？時間的分配、人手的調度，走位練習等等，都是很重要的人力資源管理。

另外還有一部份的同學，或者因為升學、或者因為口語表達能力及文字造詣較為突出，在系上也可用論文的發表形式做為畢業製作的項目。做論文的同學也許是少了許多意外的人事困擾，可是它也不是沒有考驗的，最大的敵人就是和自己的惰性打場長長的仗。不要忘了，一份具學術研究的好論文，不是單單你文章通順、詞句優美就可以了，它的價值就在於你付出多少時間，找出值

得被探討的部份並加以研究所得到的成果，這不是坐在電腦前面打打字就可以完成的了，若是你付出的時間少了，相對這一份書面也只是枯燥乏味的文字組合而已。尤其學習設計的孩子，對於實作部份比較能夠掌控，在論文的這個部份可能相對遜色，這也是研究論文寫作較為棘手的部份。

　　說到這裡，你是不是能夠對這樣一個畢業專題製作有大概的了解呢？沒錯，這一年半裡，我每天的工作除了準備上課教材之外，就是陪著同學迎向未知的旅程中未知的挑戰。因為過去擁有不少的舞台經驗，所以當我看著同學們一步一腳印，在為了自己夢想而努力的時候，心中著實有感同身受的感動。我所指導的學生們在過程中，也會面臨認知不同吵架拆夥，模特兒也許因為私人種種不可抗因素而無法參與走秀，導致模特兒人力不足，又或者服裝一改再改延誤審查無法如期完成，諸如此類不順利的小插曲，再加上畢製之外，學生還必須身兼數職，除了原先的學分仍是進行式，還需要撥出多餘的時間進行作品製作，有些受限家庭經濟因素的同學，更要額外努力打工賺取生活費用，但不論過程有多艱難，他們都還是緊咬著牙，努力完成它。

　　很神奇的，看著他們從什麼都沒有，慢慢開始延伸出書面的想法，再將原先的想像，製作成品。所有作品和模特兒所穿戴在身上的一切，包含髮型、彩妝、服裝、鞋靴、飾品，一手創作發展出來，搭配音樂、舞台規劃一體成型契合主題。過程難免艱難，有些創作精細到還從最基本的織布開始製作，有的組別，極具用心，為自己的舞台規劃了一段小短劇做為呈現方式，直接就在舞台上演了起來，真的不得不驚嘆，學生的能力竟比專業人士所想像的，還要更豐富有創意。

　　這顯然已經不只是一份作業，而是完整的商品企劃了。有別於一般師徒相授的學習方式，透過大學四年的洗禮，學生們在設計的過程中，更具有邏輯性，也必定是有所成長。我相信，學生會帶著這一年半的經驗，繼續往下一個人生階段邁進。就如同過去我所經歷的路一樣，每一個階段的學習與成長，都是為了讓你面對下一次的挑戰。

　　辛苦了那麼久，最後走上舞台謝幕，意味著即將要畢業，走向人生的另一個旅程，一切的辛苦終於結束的時刻，我也和他們一樣的激動，心中的大石總算是放下了，就像是看著自己的孩子一樣，從爬行到學會站立，現在他就要跨出去，朝自己的人生邁進了。本來還擔心他們也許會跌跌撞撞、搖搖晃晃，可是他們卻是挺起胸膛，這麼樣理直氣壯的站在我面前，揮動著雙手，一切的辛苦，若真要有什麼收穫才能滿足，那麼我只要這一幕，看著他們堅定自信的眼神就夠了，什麼都值得了。相信我的寶貝們，也是同樣的感受著。

　　一場比賽到最後，勝負往往早已被模糊焦點了，雖然有遺珠、也可能結局不如預期中完美，但只要過程是盡心盡力的就夠了，學習不是只為了勝負不是嗎？沒有永遠的贏家，也不會有永遠的輸家。累積能量，再一次重新出發，誰說不能改變結果呢？

　　跌倒不是讓你痛，而是要你學會怎麼站，不要因為受了傷，就拒絕再一次跨出那一步。也許這是需要一點勇氣的，當你累了倦了，請你試著懷念純真的童年，那一份努力的衝勁，不怕跌倒，就算跌倒也要再一次站起來的決心，去找回曾經遺失的勇氣吧！

剪出關懷剪出愛/

　　義剪，顧名思義就是「義務幫忙剪頭髮」的意思，而簡單來說就是「義工」。大部份是針對一些弱勢團體或社區服務為主要對象做服務。這一直是我接觸美髮以來，覺得帶給我最多快樂，也最有成就感的一份工作，它讓我能夠透過這樣的方式，在有力量能夠幫助別人的時候，感受到什麼是真正的「施比受更有福」。

　　高雄靜和醫院，原先創立於民國六十七年高雄市區，後因總院腹地較小發展不易，故在民國89年在高雄縣燕巢鄉設立分院，主要照顧精神科的慢性精神病患。也由於這樣的地緣之便，學校總會定期安排系上學生至靜和醫院幫病人們義剪，截至目前也已有多年的歷史。

　　我第一次接下帶領學生們到醫院義剪的工作那天，看著護士和社工人員帶著一群病患走出來的時候，雖然只是幫病友剪個頭髮，可是霎時間，我是真的覺得這是一份好神聖的任務。

　　在院中，有個不成文的規定，也或者說那是他們彼此的默契吧！病人在護士口中，成了孩子、成了學生，而病人對於護士和社工的稱呼也成了老師。院生的年齡從十幾歲到七、八十歲都有，但不論年齡為何，這樣的稱謂始終不變。

　　在燕巢的靜和醫院分院，主要用來照顧慢性精神疾病的患者，他們的思考邏輯和一般人不太一樣，有時候就像是個小孩子一樣，可是在院中的「老師

們」都把他們教育的很好，大家都很有禮貌也很可愛。記得每回到醫院義剪，「老師」總是特別交代，不論待會兒他們告訴你們，想要剪什麼樣的髮型，都請你直接幫他理個平頭，用意是方便他們整理梳洗。這樣一來，我們就必須配合著老師，說善意的謊言了。果然，正當我們準備幫院生剪頭髮的時後，有人說了：「我想要剪郭富城那樣」「可以幫我剪劉德華的頭嗎？」當剪完了一個大平頭，他們還會接著問「那我像郭富城嗎？」「我有沒有比劉德華帥？」嗯…嗯…嗯…有！沒有人比你還要帥了。當他們聽到這樣的讚美時，總是樂不可支的跟「老師」分享他們的喜悅，「天啊！我變大帥哥了耶！」只不過，當然不是每個人都會要求指定髮型，因為他們有些人睡著了，即使如此，在醒來過後看到鏡中的自己，只要你的一句「真帥」，他們就會樂到像是要飛上天呢？多可愛的一群「孩子」。在他們的眼中我只看到了真誠跟感謝。

原來對我們而言，只是一件微不足道的舉手之勞，在他們眼中卻成了天大的恩惠一般。當我們離去的時候，院長問院生道：「有沒有人想發表一下今天的心得跟感言呢？」他們也總是會爭相的搶著要發表，一開始我還真以為他們有很多感想要說呢！沒想到接過麥克風的手，只是緊緊握著，並鞠躬跟我們說聲謝謝。接著下來的每一位，都是一模一樣的感想，你說說有什麼可以比這樣的一句謝謝，還能讓人更感動更有成就感呢？

有一部份的學生會在課後告訴我，他們看著那些院生，突然覺得自己好幸福，因為和他們相比，自己是多麼的健康、沒有病痛，還能夠將自己的所學貢獻他人。是呀！「精神疾病」人稱「二十一世紀的黑死病」，人們總是那麼樣的仰賴文明所帶來的便利，卻忘了它可能帶來的衝擊，常常在報章雜誌上看到，某地又發生了憂鬱症自殺消息，又或者躁鬱症發作上街亂砍人，這不但是

社會的隱憂，同時也確實折磨人呀。

　　不過，我倒是很開心能夠從學生的態度中，知道這樣的經歷讓他們有了重新思考跟反省的空間。學生們過去也總是只能夠在課堂間對著假人頭學習技法，少了一些實際經驗，畢竟髮質的不同和毛髮生長的方向數量不同，這都不是單憑練習假人頭就可以磨練出的技巧。透過這樣的交流模式，除了可以直接讓學生們體驗實戰真人剪髮的過程之外，同時也可以培養同學們對於社會關懷的愛，和取之社會用之社會的觀念建立。

不要吝嗇付出你的愛和關懷，在你還有能力的時候。在世界的每一個角落都有著一群人正等著被關懷，不要以為這些都只是小事，請你化小愛為大愛，用心去關懷每一個需要幫助的人吧！

世界原來那麼小/

　　如果說，人的一生就是一條綿延萬里、崎嶇不平的路，那麼在走到盡頭之前，必定會遇到很多不同的故事、不同的人、不同的風景。有些人在路口有過火花，交會的時候轟轟烈烈，但是兩條交叉的線，儘管有了那瞬間的火花，終點終究還是會漸行漸遠；但有些人很奇妙，就像是路邊的小花小草，你從來不會特別去在意它是否一直都存在，但是你只要認真的回頭看一看，這一路上的風景，它不都一直陪在你身邊嗎？這就是人與人關係微妙的所在。

　　這一路走到現在，我遇到過不少人，也發生了很多事。但這些經歷都不及我短短幾年在這個學校裡頭經歷過的事，第一次我很認真的感覺到，緣份的奇妙。

　　首先，我要介紹三位關係人，她們在不知不覺中，在我的人生路上，畫出了一張圖，巧妙的連接了所有與我有關的人事物。

　　第一位是我的高中好友，她和我一起走過不少人生旅途，和我同窗三年，一同共創事業也近十年，從我將髮型沙龍盤讓給她後，我們就像兩條交叉線，她專心於沙龍的經營管理，而我全心投入了講師教育的世界，忙碌生活讓我們在不知不覺中漸行漸遠。沒想到就在某天，我們再一次相遇了，我的身份是大學老師，而她，在我任教的學校所設立的四技在職專班進修。意外驚訝，多過其它的感覺，沒想到高中一起打打鬧鬧的好朋友，如今卻栽在我手上了。幾句寒暄後，我只對她說了一句：「哈哈，妳也有今天，不要蹺課！妳蹺一次我就把妳當掉，除非妳有約我一起蹺！」我們四目相交，彷彿過去的默契又回來

了，於是我們忍不住相視大笑。覺得我很壞嗎？這才是好朋友嘛！第二位是我的學生，她是轉學生，在大三才從進修部轉學至日間就讀，也同時是我的專題指導生，她很靈活，不論在什麼時候看到她，她總是滿臉笑容，活力十足的樣子，她也會利用課餘的時間去進修相關技能證照。

第三位是我的高中老師，她也在我任教的學校裡進修二技在職專班。我永遠也忘不了，她過去嚴肅的模樣，沒想到畢業之後再一次看見她，她變得那麼活潑和藹。

好了，人物大致介紹過，是不是很好奇這些完全不相干的人物怎麼會搭上線的呢？嗯！原來我的高中同學和高中老師，現在的身份都是我的學生！而我的專題指導生，她利用課餘時間到校外輔導證照的教學老師，便是我和同窗好友的高中老師。其實在幾年前，當我還是標榜美髮學院執行長身份的時候，就也因為學生的牽線通過一次電話了，只是即使當時我很誠懇的介紹自己，告訴老師過去我曾是她在高中任教時的第一屆學生，滔滔不絕的說了很多，試圖將時光拉回到二十幾年前的那段青春歲月，老師還是對我沒有特別的印象，當然這也難怪，因為我在學生時期真的很低調，低調到不會有人特別去注意到我，這點也在我當了老師以後有了體認。

後來在一次的機緣巧合下，透過這位專題指導生，終於讓我和老師真的見上一面了，當我再一次和老師見面，沒想到已是二十幾年後的今天，說實在的，要說不緊張，這怎麼可能？我看到老師的那一瞬間，百感交集，有些許的尷尬也參雜了部份的喜悅，尷尬的是過了這些日子，我們的角色如今已經對換，我是老師而她是學生，加上幾年前的那通電話，都無法喚起她對我的一些

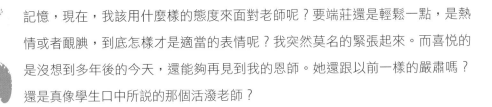

記憶，現在，我該用什麼樣的態度來面對老師呢？要端莊還是輕鬆一點，是熱情或者靦腆，到底怎樣才是適當的表情呢？我突然莫名的緊張起來。而喜悅的是沒想到多年後的今天，還能夠再見到我的恩師。她還跟以前一樣的嚴肅嗎？還是真像學生口中所說的那個活潑老師？

只是我萬萬也沒想到，老師的模樣一直沒變，但不同的是，果真如學生所說的，她和過去截然不同的個性。也許因為我現在同樣也是老師的身份吧！我們有了相同的話題，而不再只是話當年而已，還可以一起聊聊這份職業的辛苦和樂趣。在聊天的過程中，得知了老師的近況，原來老師還很年輕，但她卻以年資期滿的資格退休了，目前只有偶爾在學校所開設的市民學院裡兼課，我不由得對她感到佩服，多少像老師這樣，四十多歲年紀的人，都還正在為事業為未來生活做打算，老師卻已經先行經歷了，別人可能到了老師現在這個年紀還在工作，她現在就已經什麼都不缺乏了，不論金錢、時間、青春，每天樂在享受退休後的生活。

喜歡進修就像是教職人員的天賦一樣，退休後反而有更多時間，讓老師再一次回到校園中，她這樣說：「算是在圓一個未完成的夢吧！」因為當初老師高中一畢業，也不過是個十多歲的小女孩，就以技藝優良被學校網羅成了老師，所以她並不像一般的同學一樣升學，大學對老師來說，大概就像是一個一直想實現的夢想。

老師、同窗和我的學生，很奇妙的「人」物鏈，就在這小小的校園中串連了起來，人生就是這樣，你無法預知下一段的風景會是什麼，誰會知道，當初我的同學和我的老師，現在竟成了我的學生？一個人的態度，決定的不只有成

功與否，更決定了你的人際網絡。永遠不要奢望，第二印象可以掩飾第一印象，所有人都一樣，先入為主的觀念決定了你看待人、事、物的態度。當我聽見老師對我說：「我為有妳這樣的學生而驕傲。」當下真的沒有什麼比這句肯定還要更動聽的話了。而我和同學、學生的關係，同樣也是，也許將來我再一次見到我學生的時候，她也同樣讓我感到驕傲並以她為榮。

交叉線可能是漸行漸遠，但誰說不會在下一個路口轉彎，繞了一圈，我們又碰頭了呢？

填滿／

「活到老，學到老」，學海之深遠不是輕鬆就可以探究的。也許是對自己要求嚴格的因素吧！雖然我擔任大學助理教授的職務，但實際上我並不是憑藉著高學歷，而是因為技優而受聘，所以我的升等、加薪，都是以技術做為發展基礎。學歷的高低，對我這樣的教職身份來說，是沒有太大影響的，但我的填滿哲學卻讓我繼續求知並取得碩士學位。

我是一個即使別人看來完美，卻仍舊是給自己打上九十九分的人，留下永遠的一分求進步，是為了讓自己不要因此自滿，不斷給自己再一次挑戰的機會，這樣才能夠往更高的挑戰邁進。

當家人聽到我想念EMBA這個消息的時候，父親一直是反對的，也是唯一的一個反對人士，他的理由簡單，因為他不認為以我這樣非應屆生的年紀，還能夠唸多少書，也許記憶的速度還遠不及忘記的速度呢！何況體力也一定不如從前，加上我的身體狀況不穩定，這對我來說根本是一件難事啊！不過，你要說我追求完美，或是不肯服輸都好，就當是想圓一個目標，我依舊堅持要唸書的決心。況且以我的經歷，我相信我可以掩飾這一切的不足，至少我是這麼認為。

既然已經堅定了信心，接下來就是要選擇決定唸什麼系所了，由於過去職場的經歷，我一直是美髮技術與經營管理同步在進行的。對於技術方面，那是誰也無法從我身上奪走的寶貴資產，除非我自己先放棄，所以我對於這個區塊，是有著相當程度的自信，靠著自修也能做到完美無缺的。但對於經管這方面，我一直是處在實戰經驗多過於正規理念訓練的狀況，幾經思量下，我決定

唸「EMBA高階管理」的研究所,重頭開始接受所謂管理學的課程訓練。

當我第一眼看到同學們的時候,很快的就發現,大多都和我差不多年紀,這讓我原先擔心的年齡層代溝問題暫時褪去,也發現了原來每一個人的來頭都不小,有來自中小企業的老闆、大公司的高階主管等等。有趣的是,我們多數不是為了要用學歷成就自己履歷或是尋求升職加薪的,而是真正希望能在這樣一個學術領域提昇自己經管相關能力。充實心靈的豐富,遠超過學歷所帶來的附加價值。

這EMBA彷彿是一間公司的縮影,由於同學們都已有精彩的社會背景,在分組作業的討論期間我們都能透過彼此經驗切磋分享而相互學習,透過互動,我們將彼此的優點做為模範,缺點當作借鏡。也在每一次的意見交換時,讓我明白原來發生問題時的處理方式,都能夠透過不同的論點與策略得到解決。結果只有一個,但方法有千百種。因為這樣,所以我覺得三分之一的知識,來自於教授所傳遞,剩下的三分之二,就是來自同學們的經驗談了。

過去常聽朋友說,企業管理就是五大管理,包括了管理、行銷、人力、研發、財務等,這些通通都要學。在我看來這應該是非常艱深難懂,所以我是抱著一顆可能會很無趣的心情去唸管理碩士,沒有想到這個領域的涵蓋範圍如此之廣大,而且其實也很有趣。除此之外,課程內容大致還區分如下:有領導研究、企業環境組織分析、財務管理、行銷管理、商業環境、策略管理、國際商務、物流管理、創業管理、風險管理、專案管理等等。

很快的兩年一下子就過去了,光是用想的感覺上似乎是很久很辛苦,事實上也真的是如此,可是一旦開始執行且身歷其境的時候,兩年也就不再是那麼

長的時間了。兩年間，我除了做跨領域的學習之外，還透過修習EMBA迅速累積自己的人脈，了解不同產業領域的知識，再透過所學相互整合，更重要的是，這樣的同學情誼所累積的人際網絡是非常難能可貴的，你永遠不會知道這些同學，在哪一天會是你生命中的貴人。也只有在校園這樣一個沒有利益關係所牽絆下的情誼，才是最單純可貴。

有所收穫必先有所付出與失去，這是必然的。在職進修畢竟是辛苦的，我們獲得了很多，當然也就有失去，例如我的同學就會抱怨，在僅有的二十四小時中，除了要犧牲睡眠和陪家人相處的時間外，還要和學術約會，這真是考驗著時間的分配。這是一種無形的失去，因為時間一去，它不會再有回頭的一天，怎麼樣讓這份失去轉變成為值得的投資，態度就很重要了。

我從每個不同企業的故事裡面，學習探討背後的成就因素，同時開始思索，如何將我的美髮專業技能與經營管理做一個完美的結合，因為在我的經歷中，從事有關於流行時尚這個產業的人才，所欠缺的就是如何將自己的創作藝術做行銷包裝，他們不懂得如何與市場做結合。試想，若是一個很好的作品，沒有完整的品牌行銷概念，那獨有完美的作品孤芳自賞豈不可惜了。相信有這樣一個良好的契機做跨領域學習，在往後的學術研究上，將讓我有更多機會將這兩者結合做相關的論文探討。

有人說：「人生必須有三量：力量、肚量和膽量。三十歲以前，你需要有力量，勇往直前的闖蕩；當你闖出一番天地之後，也許擔任領導的工作，這時可能已經到了四十歲，這時你必須要有肚量，才能夠容忍別人所犯的過錯；五十歲之後，當你沒有了體力、健康的同時，你還想怎麼達到高峰？這時你會需要的不是別的，就是最後的一點膽量吧！」

可遇不可求/

　　某一天下午，一通電話改變了我原訂的所有行程，誰的面子那麼大呢？他是領我進入學術界的伯樂翁英惠翁院長。他在電話中告訴我，有一位派駐樹德越南代表處的助理校長因為隔天要回越南，因他希望有人可以為她打理一下新的造型，所以翁院長就向助理校長推薦了我。可是我下午還有其它行程跟課程啊！挨不住翁院長的請託，我想辦法空出了一小時，答應了院長。也因為這樣的一個契機，讓我遇上了我在學界裡，無話不談的好朋友。

　　一開始因為事情來的太急又太突然，我沒注意到院長說的是哪裡人，只知道是「越南」和「助理校長」這些片段的組合，所以我想應該是越南人吧！這下我可頭痛了，英文沒有很「輪轉」的我，到時候應該怎麼和她充分溝通呢？更不要說討論造型了。為了避免這樣雞同鴨講的情形發生，我還挑選一位應用外語研究所的學生擔任翻譯，去請助理校長到系上在學校設立的美髮沙龍做造型。正當我戰戰兢兢的準備工具，整理心情迎接助理校長的同時，就聽見一個清脆爽朗的聲音從門外傳來：「哈哈！我是台灣人啦！不用翻譯啊！」心情頓時是輕鬆了不少，不過隨之而來的是尷尬、害羞的情緒，原來一切是我誤會，以為她是越南人不會說中文。還好助理校長的爽朗個性，很快就讓我們的「初次見面」熱絡了起來。

　　當我第一眼看見她時，我發現她簡直就是小一號的莫文蔚嘛！我已經夠嬌小了，沒想到她也和我一樣迷你，但是你不要看她嬌小可愛，她可是中氣十足的呢！因為我永遠也忘不了那一天的開朗笑聲。

造型的過程中，我們很快就能像朋友一樣的閒聊寒暄，這才發現，原來我和她不僅是鄰居，還是同一間國中、小學的學姐妹呢！這一層的關係讓我們彼此間多了一份親切感，一下子拉近了不少距離。雖然我和她在短短的一小時內，就迅速建立了好感，但因為隔天她就要回到越南去了，我以為我們的交集大概也就像是曇花一現，僅此而已，沒想到隔天她回到越南後，我馬上就收到了她寄給我的感謝信，至此之後，我們每天都會通上一兩封信，當然內容不外乎還是延續那一小時的話家常和交換這些日子以來的心情點滴。

不知道為什麼，我越來越越覺得她有一種很莫名的吸引力。忘記是誰說過的「有相同磁場的人，總會特別容易相遇相吸。」或許吧！雖然一開始這樣的說法我並不以為意，但在和她的相處裡，我漸漸的發現，這樣的說法，也有它一定的道理存在。因為，在後來的相處中，我才知道原來她的身體狀況和我一樣，甚至可以說有過之而無不及，比我更具故事性。可是她總是那麼陽光，總是那麼樂觀，在她身上我看不到病魔的影子，也看不到一絲一毫的哀愁。

我不禁要開始好奇是怎麼樣的一個成長環境，才造就養成了今天這樣的一個她。如果不知道那也就算了，了解了她的生長環境後，更加深了我對這樣一個迷你小太陽的敬佩和崇拜。

她在家中是排行老么，上頭還有三位哥哥，應該說，她是家中唯一的女孩子，肯定是從小就被捧在手心上疼的，這樣的一個身份，應該是養成公主病的不二條件啊！可是我說過了，在她身上我看不到這些所謂的嬌縱，反而是樂觀積極就像天使一樣。而且在她們家中，四個小孩全都是學界的翹楚，三位博士，一位準博士，而且也都是在大學任教的教授。有時候，學生打電話到家裡

來：「不好意思，我要找陳教授，麻煩您。」這時，她和家人總是需要回答說：「我們這裡一共有四位陳教授，不知道您是要找哪一位呢？」真是很特別的經驗吧！

就是這般的背景養成她那股莫名的氣質，像是水晶一般的珍貴，晶瑩剔透，讓人總是會忍不住想疼惜她。沒錯！就是這樣的感覺，哪怕我身體也不夠強壯，都還是會有想要保護她的衝動。

幽默的翁院長總是會這樣形容她：「開會的時候，她有三十八歲的頭腦，冷靜理性；但私下的生活裡，她十足是個八歲小孩！」是啊！碧雲校長就是這麼一個特別又惹人憐愛的人。

碧雲校長說：

人生

真的是個有趣的過程，

每個人來到生活裡，

有帶著訊息的；有來一起寫生命功課的；也有來傳愛的，

不管是甚麼，大家都是天使！

在這段用淚水和痛把自己灌溉長大的成長過程，

我常覺得是這些挫敗，讓我更勇敢的，

其實

靜下心來，看到人們的無助跟失控，心裡跑上來的應該是憐憫吧！

我們一起加油喔！

就這樣，很奇妙的，緣分把我們綁在一起，奇妙的讓我們成了無話不談的好朋友。

今年她的生日，我送了一幅我親手畫的油畫給她。畫中顏色的比例多是綠色，以一棵大樹為主軸延伸的風景畫。因為，我在她身上看到了對生命的定義，是像大地一樣的多采和充滿希望，在身體狀況如此的不穩定情形下，她依舊用她的樂觀開朗在照耀著身邊的每一個人，所以我希望像大樹一樣的她，也能夠像畫中的構圖一樣，有樹叢、綠地、小草、小松鼠、小石路等豐富人生，藉此鼓勵她，也同時是在鼓勵我自己，因為我們同是天涯淪落人呀。

永遠不放棄任何可以珍惜自己生命的機會，努力讓每一天都過的精彩和美好，是很難得的。不要忘記隨時豐富自己的人生，賦予它更多的可能。送給我最特別的朋友，也送給正在閱讀的你。共勉之。

中英對照－時尚髮型任你剪/

人生中的每一段際遇，都是延續你的下一階段開始的連接，就是這麼一環接著一環，就像是一條鍊子一般。

就在上一回巧妙邂逅了我的新朋友之後，我不得不來說說這一位，好朋友兼好同事。和助理校長一樣的是，我們也是童年的鄰居，也因為在同樣的學區就讀，所以相同的我們也有學姐弟的關係存在。也因為這點讓我不得不稍微說說嘴，一個小小的社區就出了三位在同一所大學任教的教授，更奇妙的是可以相遇，成為亦師亦友的知己，這大概比中樂透的機率還難很多吧！

記得我們的第一次見面，也是很有趣的，就在我進入學校沒多久後，接下了班級導師的職務，一次的導生聚餐中，學生告訴我，會出席的老師包含我在內，一共有兩位，他們還邀請了一位英文老師。沒等我消化完這個消息，就看到英文老師的出現了，他就是王崇禮王老師。

席間，他一直不斷的說：「我是有機羊」我一開始還很納悶「什麼！有機羊？」，他的解釋是，因為他是牡羊座，可是因為宗教的信仰吃了不少齋菜，所以是「有機羊」。不過說實話，這樣的言談，倒是另類的讓人印象深刻他的「王氏幽默」。加上聊天的過程中，我們的地緣關係，更讓我們開始漸漸熟稔。後來，我才知道這樣一個留美博士，擁有現代的外表，骨子裡裝著的卻是古老的傳統心思。

這話可不是在說他是個老古板喲！會這麼說是因為在談話中，他知道我唸

的是企業管理，所以就問了一個耐人尋味的問題，他問：「如何管理一間宮廟？」一開始，還以為是我聽錯了，但沒有錯，他確實問的是一間「宮廟」！當時因為我沒有特別的信仰，所以不知道什麼是「宮」，更不知道這和一般我們所知道的廟差別在哪裡？再加上我實在很難說服自己，現在和我談宗教觀的人是一位留美博士。綜合以上，我愣住了，幾秒後我驚訝的回答，「為什麼是宮廟？」可能是我的表情和語調嚇到他，他或許也看出我眼裡的震撼和不知道該如何回應，他只好就接著說：「沒事！沒事！」來化解這份尷尬。不過也就是在同時，我才知道原來他的一生際遇，都和這樣的宗教信仰脫不了干係。在那之後，我真的看到他對信仰的虔誠和努力，是什麼樣的際遇和感動，會讓這樣一位擁有美國博士學歷的學者，願意奉獻十幾年的時間，並在今年王老師出版了一本名為「神啊！祢到底在幫我什麼？」的書。他以出書的方式，希望用自身的經驗印證神蹟？

如何？很奇妙的一個人吧！說實在，我真的佩服擁有這樣人生際遇的他，沒有一般留學生的崇洋媚外，有的只是執著傳統的熱情和投入。而且和所有草根性的台灣人一樣，他的義氣相挺更是讓我感動。

當他得知我要出一本有關於美髮的工具書時，經我熱情邀約請他幫此書翻譯，他即情義相挺，免費讓我的書升級，使得【時尚髮型任你剪】可以成為中英文對照的實用工具書，我們希望讀者在學習如何為自己量身訂作理想髮型的同時，還可以藉此提高讀者的英文能力。也或者，當你有外國朋友來訪時，就不用擔心不知道要送什麼禮物了！

為什麼我會興起要執筆寫髮型工具書的念頭呢？從事美髮教育十餘年，學

生除了好奇我的美髮技術，更驚訝我怎麼能夠自己幫自己剪頭髮！

是的，自己洗髮、作造型、梳編髮甚至是自己染髮的人已經不在少數，但是會自己剪頭髮的人似乎是寥寥無幾。有一天當你起床照鏡子，發現瀏海又長了一些，卻來不及到美髮沙龍整理頭髮，該怎麼辦呢？就是這樣一個簡單的念頭，讓我興起想和大家分享十多年來我替自己剪髮的心得，因此，這本書就此誕生了。

我是這樣想的，假如讀者就是位專業的髮型設計師，我相信他們常會因找不到合適的設計師幫他們剪頭髮而懊惱。也或許，讀者是喜歡「宅」在家的人，我想讓他們在家就能輕鬆打理出想要的髮型。我相信有很多人，也曾經想過當自己的剪髮設計師，想過要幫自己動手剪頭髮，只是沒有這樣的知識和技術。

這是我多年的想法。書寫至此，除了感謝情義相挺的王老師外，我更要感謝「漢欣文化出版社的楊老闆」讓我實現了我這樣一個理想。

結語

　　二零零九的初春，我開始實踐一個?釀多年關於寫作的想法，而這也讓我又接觸了一批新的朋友和生活圈。

　　我不得不說，投入文字的生活，真的和過去的我有很大的不同。原來文字可以因為我的思維與邏輯而變的更有趣；原來我可以透過文字回到過去的時光，看到真實內心的自己。

　　也許你會覺得，才不過四十出頭，出自傳未免言之過早，不過我只是單純的想要透過淺白的文字，重新檢視和面對自己。這才發現，雖然我擁有一段吃苦的童年、洗頭妹的出身、歷經了幾次的病危，但終究我走過了世界各地、站上幾千人觀眾的大舞台、接受過電台和國內外報章雜誌的專訪，也擁有教育技術總監、副總經理、執行長、大學教授、作者等頭銜，同時我也扮演了女兒、妹妹、姐姐、太太、媽媽、朋友的多重身份。

　　誰說一定要高學歷才會有好工作？不會讀書，在我來看，並不等同於失敗人生，擁有一技之長，將不怕被社會淘汰；不斷精進你的長處，你將不怕失業「沒頭路」；只要懂得壯大自己，你將在社會中扶搖直上。「機會永遠都是留給準備好的人！」擁有一技之長，更勝於不懂得活用書上知識的讀書人。

　　一樣是失業，有一技之長的人至少還可以賣技術；而沒有一技之長的人卻真的什麼也沒有了。其實一技之長有分很多種，如果是以星星數分級的話，你的一技之長可能可以分為：五星、四星或是三星級。星等，並不是指特定專長的星星數，而是指你對某一專長的「專精度」。如果你擁有的是五星級的一技之長，你可能可以

吃喝一輩子,而很多時候,十多個三星級還比不上一個五星級的專長,在精不在多!而五星級的一技之長,常有「不好學」、「不容易學」及「沒有人教導」等這些特性。但是只要堅持下去,不管多困難,你的五星級長才,一定會非常優秀的。所以,別怕你的專長冷門,既然它會存在,就表示市場上有需求。

此書的附加價值,也是希望一些還年輕的朋友們,可以知道,這世上有些人就像我一樣,身體的病痛不由得自己,要更懂得如何珍惜生命,活在當下、把握當下。當然,若是和我有著一樣病痛的讀者朋友們,我也希望可以透過這本書,給你一點點力量。身體的病痛可能是你無法控制的,但是你可以選擇你要面對的態度。

最近在書上看到這樣的一句話:「明天不一定會更好,但要相信更好的那一天一定會到來。」我很喜歡,所以和大家分享。再不如意都會有過去的一天,所以不要總是把自己綁在灰暗的不如意裡頭鑽牛角尖,試著以積極、樂觀的心去面對,就像我在面對每一次的困境時一樣,你要知道這樣正面的能量,是很驚人的。

最後,感謝在文字中和我一起渡過這段戲劇人生的讀者們,謝謝你們一路閱讀到最後。我一直不斷的在文章中提起,人生的際遇是很奇妙的一件事,在這路上我遇過很多人,也許是永遠會在背後挺著我的家人,也許是伯樂知音,但哪怕只是一個匆匆過客,我都是一樣的感恩感謝,沒有你們的陪伴,我就不會有那麼豐富精彩的人生。

原諒我實在無法一一唱名,不只是因為我的記憶力真的越來越退步,我也害怕要感謝的名單寫完,可能書都要變的像辭典一樣那麼厚,為了在不景氣的環境下,

符合經濟效益，所以大家，請接受我在打字的同時深深的那一鞠躬吧！滿滿的感謝都盡在不言中。

「屬於自己不能控制的事，我隨遇而安；屬於自己能掌握的事，我絕不放棄。」這是我的座右銘，在此與大家分享。對我來說，玩美設計藝術是一門生活實踐學，一心將傳承教育與美學創作為自己的人生目標，在取捨之間早已充滿美的思維。人生的際遇是什麼我們可能不知道，但對於我而言，我的人生因為「玩美」而不同，因為「玩美」而多采，更因為「玩美」我懂得欣賞各個階段不同的自己，祝福你也能在自己選擇的人生舞台上有最完美的精采演出。

陳錦修 Nancy

2009.08 於研究室

堅持玩美 成就人生

著者◆陳冠伶

發行人◆王學哲

總編輯◆方鵬程

主編◆葉幗英

編輯◆陳雅韵 陳薇韵 楊佑萱

美編設計◆余政道

出版發行：臺灣商務印書館股份有限公司

台北市重慶南路一段三十七號

電話：(02)2371-3712

讀者服務專線：0800056196

郵撥：0000165-1

網路書店：www.cptw.com.tw

E-mail：ecptw@cptw.com.tw

網址：www.cptw.com.tw

局版北市業字第 993 號

初版一刷：2010 年 2 月

定價：新台幣 300 元

 **ISBN 978-957-05-2449-9**（平裝）

堅持玩美 成就人生 ／ 陳冠伶著. --初版. --
　　-- 臺北市 ： 臺灣商務， 2010. 02
　　　面 ； 公分.

　ISBN 978-957-05-2449-9(平裝)

　 1. 陳冠伶 　2. 臺灣傳記

783.3886　　　　　　　　　　　　98022418

100台北市重慶南路一段37號

臺灣商務印書館 收

對摺寄回，謝謝！

傳統現代　並翼而翔

Flying with the wings of tradtion and modernity.

讀者回函卡

感謝您對本館的支持，為加強對您的服務，請填妥此卡，免付郵資寄回，可隨時收到本館最新出版訊息，及享受各種優惠。

■ 姓名：＿＿＿＿＿＿＿＿＿＿＿＿＿＿＿　性別：□ 男 □ 女

■ 出生日期：＿＿＿＿年＿＿＿＿月＿＿＿＿日

■ 職業：□學生　□公務(含軍警)□家管　□服務　□金融　□製造
　　　　□資訊　□大眾傳播　□自由業　□農漁牧　□退休　□其他

■ 學歷：□高中以下（含高中）□大專　□研究所（含以上）

■ 地址：＿＿＿＿＿＿＿＿＿＿＿＿＿＿＿＿＿＿＿＿＿
　　　　＿＿＿＿＿＿＿＿＿＿＿＿＿＿＿＿＿＿＿＿＿

■ 電話：(H) ＿＿＿＿＿＿＿＿＿＿　(O) ＿＿＿＿＿＿＿＿＿

■ E-mail：＿＿＿＿＿＿＿＿＿＿＿＿＿＿＿＿＿＿＿

■ 購買書名：＿＿＿＿＿＿＿＿＿＿＿＿＿＿＿＿＿＿＿

■ 您從何處得知本書？
　　□網路　□DM廣告　□報紙廣告　□報紙專欄　□傳單
　　□書店　□親友介紹　□電視廣播　□雜誌廣告　□其他

■ 您喜歡閱讀哪一類別的書籍？
　　□哲學‧宗教　□藝術‧心靈　□人文‧科普　□商業‧投資
　　□社會‧文化　□親子‧學習　□生活‧休閒　□醫學‧養生
　　□文學‧小說　□歷史‧傳記

■ 您對本書的意見？（A/滿意　B/尚可　C/須改進）
　　內容＿＿＿＿＿　編輯＿＿＿＿＿　校對＿＿＿＿＿　翻譯＿＿＿＿＿
　　封面設計＿＿＿＿　價格＿＿＿＿　其他＿＿＿＿

■ 您的建議：＿＿＿＿＿＿＿＿＿＿＿＿＿＿＿＿＿＿＿

＿＿＿＿＿＿＿＿＿＿＿＿＿＿＿＿＿＿＿＿＿＿＿＿＿＿
※ 歡迎您隨時至本館網路書店發表書評及留下任何意見

臺灣商務印書館　The Commercial Press, Ltd.

台北市100重慶南路一段三十七號　電話：(02)23115538
讀者服務專線：0800056196　傳真：(02)23710274
郵撥：0000165-1號　E-mail：ecptw@ecptw.com.tw
網路書店網址：www.cptw.com.tw　部落格：http://blog.yam.ecptw